京都の路地裏

ほんとうは教えたくない

辰巳琢郎

Kyoto's Back Alleys Which We Really Don't Want to Be Known

京都しあわせ倶楽部
PHP研究所

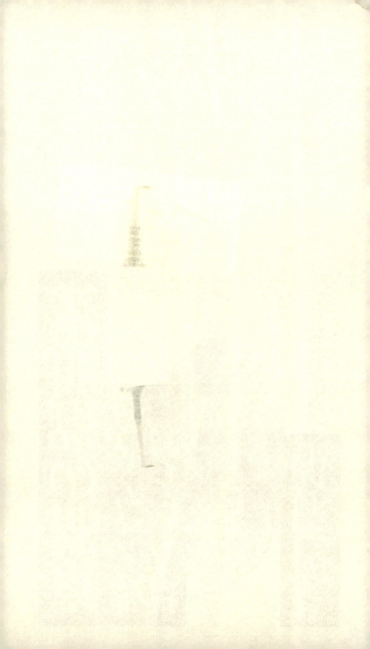

はじめに

京都市は、南北が最大四十九・四九キロメートル、東西が最大二十九・一六キロメートルの広大な町。面積は東京都二十三区より三〇パーセントほど大きく、大阪市の四倍近くあります。でもそれは山林面積が大きいからで、実際の市街は驚くほど狭いのです。「京都はどこへでも歩いて行ける街」というのが、ここで七年間学生生活を送った僕の持論。また、歩いてこそ、京都の魅力を満喫できると思っています。

京都は、だてに千年以上もの間、日本の都だったわけではありません。観光客は清水寺や金閣寺、銀閣寺などメジャーな観光スポットに目を向けがちですが、街中にも、歴史的・文化的価値のあるものがひっそりと息づいていたりします。それらはひなびた祠《ほこら》や堂宇であるとか、川や水路であるとか、単なる石碑や駒札であるとか、決して目立つものではありません。ですから、歩きながらでないと見つけられないのです。しかも、その場所が歴史の教科書の中でしか知らない出来事の現場であったり、あるいは、歴史上の人物が住んでいた屋敷跡であったりして想像力をかきたてられます。

また、「路地《ろうじ》」や「辻子《ずし》」の存在に気づかされるのも、歩いてみてこそ。そして、その奥に何があるかわからないけれども、思い切って足を踏み入れてみる。あるいは、気になる商店や食べ物屋を見つけたなら、遠慮せずに覗《のぞ》いたり、食べたりしてみる。そうしたちょっとした冒険が旅をより豊かに、より面白くしてくれるのです。京都はその期待を決して裏切らない街といってよいでしょう。

ここで取り上げた十九の路地の中には、馴染《なじ》みのある通りもあれば、この本を書くため、夏の暑い盛りに汗びっしょりになりながら雪駄《せった》で初めて歩いた通りもあります。もともと京都全体を網羅するような単なる観光ガイドブックにするつもりはなかったもので、石塀小路や二年坂、三年坂、哲学の道といった、よく取り上げられる道ははずしました。ある程度は知られている道を歩きながら、僕なりの視点を織り込んでご案内したつもりです。

しかし、歩くほんとうの楽しさは、自分の目で見て、自分の感性で選択し、面白いと思うものを探し出すことにあります。

京都へやってきて、観光バスや自家用車、タクシーで目的地をくるくると回るだけでは、京都の魅力を半分も知らないで帰っていくようなものです。ぜひ車を降り、本書を参考に自分の足で歩いて、自分だけの京都の魅力を見つけてください。

二〇一五年十一月吉日

辰巳琢郎

ほんとうは教えたくない　京都の路地裏　もくじ

第一章 京大近くを歩く

第二章 花街を歩く

第三章 街中を歩く

第四章 寺社町を歩く

第五章 歴史を歩く

＊本書で掲載した地図はあくまでも目安であり、実際の位置とは多少ずれている場合があります。また、縮尺は一定ではありません。データは二〇一五年十月現在のものです。お出かけの際は最新情報をお確かめください。

地図制作　株式会社ワード

装幀　上田晃郷
カバー写真　エディ オオムラ

第一章

京大近くを歩く

御《み》蔭《かげ》通

（東大路通〜白川通）

　御蔭通は大好きな道の一つです。特に、東大路通から白川《しらかわ》疏水《そすい》通までの間の槐《えんじゅ》の並木道は、学生時代に何度もチャリンコ（自転車）で行き来した道です。槐はマメ科の木で、高さが十〜二十メートルになります。落葉樹のため、秋が深まると枯葉が御蔭通に舞い、それがなんともいえない風情がありました。

　御蔭通の西端の出発点は、河原町通の延長である下鴨《しもがも》本通です。そこから下鴨神社糺《ただす》の森の南側を通り、高野川に架かる御蔭橋、さらに川端通、東大路通、白川通を横切って「山中《やまなか》越え」をする「志賀越道《しがごえみち》」にぶつかります。「山中越え」とは、北白川から比叡山《ひえいざん》を越えて滋賀県坂本へ下ること。今は京都府道・滋賀県道30号下鴨大津線として、琵琶湖の湖西方面へ車で行く自動車道となっており、比叡山山頂の遊園地や延暦寺へのドライブウエイへもこのルートを利用します。このため、御蔭通は市内から「山中越え」への主要アクセス道でもあるのです。

古式ゆかしい舞と雅楽・御蔭祭

　通り名の由来は、日本最古の神幸列《しんこうれつ》とされる下鴨神社の御蔭祭が通りを巡行するところからついたものです。下鴨神社の祭礼といえば、京都三大祭りの一つである五月十五日の葵祭《あおいまつり》が有名で、学生時代その雅やかな行列を何度か見ましたが、祭礼自体はこれより二週間ほど前から始まっていることは知りませんでした。下鴨神社での流鏑馬《やぶさめ》神事（五月三日）、斎王代の禊《みそぎ》の儀（四日）、歩射《ぶしゃ》神事と賀茂《かも》競馬《くらべうま》（五日）、さらに、五月十二日に行われるのが御蔭祭で、それらが終わって、いよいよ平安衣装姿で練り歩く十五日のメーンイベントを迎えるわけです。

　このうち御蔭祭は、狩衣《かりぎぬ》・烏帽子《えぼし》姿の神官や氏子約百名が、神様を乗せる神馬《じんめ》を曳《ひ》いて、下鴨神社より比叡山ふもとの八瀬《やせ》御蔭山の御蔭神社まで葵祭の神霊を迎えにあがる、厳《おごそ》かな神事です。下鴨神社の境外摂社《せっしゃ》である御蔭神社が鎮座する御蔭山は、下鴨神社の祭神の女（玉依姫《たまよりひめ》）が上賀茂神社の祭神（別雷神《わけいかずちかみ》）を産んだところとされます。

帰途、糺の森における切芝《きりしばの》神事では、古式ゆかしい東游《あずまあそび》の舞や雅楽の演奏などが行われます。一千年続いた京の都だからこそ、平安貴族も目にしたであろう古式ゆかしい舞や音楽を時空を超えて共有できるのがすごいところで、チャンスがあればぜひ一見したいものです。

もっとも、僕にとっての御蔭通は祭礼の道というより、通学路であり、生活道路であったといったほうがよいでしょう。一乗寺《いちじょうじ》の叡電《えいでん》の線路近くのアパートに四年間住んでいたもので、通学するときはチャリンコを漕いで高原通をまっすぐ南へ。御蔭通にぶつかると、右折して百五十メートルほど。そして、京大農学部裏門で左折して北部キャンパスを抜けるか、御蔭通をそのまま走って東大路通へ出るかして、京大の本部か教養部へ、あるいは烏丸御池《からすまおいけ》のビルに借りた「劇団そとばこまち」(入団当初は「卒塔婆小町《そとばこまち》」と漢字名)の稽古場まで走りました。

チャリンコ……なんて書くと、ちょっと下品じゃないかと思われる方もいらっしゃるかもしれませんが、ここではお許しください。なかなか可愛らしい響きで好きなのです。自転車自体もスポーツタイプではなく、当時流行ったミニサイクルでした。

劇団員の〝生命線〟であったひらがな館を訪ねる

御蔭通を東大路通から歩いてみました。学生相手の食堂や喫茶店、ちょっとおしゃれな洋菓子やフレンチの店などが何軒かあり、孔雀《くじゃく》のいる神社・田中神社の前を通り過ぎてさらに行くと、京大農学部の裏門前に、「ひらがな館」というレストランが見つかります。一九七七年に入学して八四年までの七年間京大生をしていましたが、そのころは一乗寺駅のすぐそばにあり、最も愛着のある懐かしい食堂です。

学生時代の生命線「ひらがな館」は今も健在

ラストオーダーが夜の十時ごろだったでしょうか。「ひらがな館」へ行くと決めた日は、稽古を逆算して早めに終わらせ、まず電話でオーダー。そして、烏丸御池の稽古場から劇団員一同がチャリンコを飛ばし、信号もたぶん無視して店へ駆け込むのです。「おお、来たか」。まだ若かったオーナーがしゃあないなあという笑顔で出迎えてくれましたっけ。

稽古で体力を消耗しているうえに、時間も遅いから、みな、腹がペコペコ。「いただきます」という間もなく、出てきた料理を、がっつくようにして平らげていったものでした。

ここの定食はボリュームがあるのと、何より有難かったのは野菜がたっぷりだったことです。野菜ジュースのテレビコマーシャルに、「〇〇、野菜を摂《と》らなだちかんぞ」と農家のお母さんが都会へ出ていった子どもへ呼びかけるシリーズがありましたが、学生にはどうしても野菜を摂る機会が少なく、不足気味でしたから、ひらがな館でしっかり補給するようにしていました。

腹いっぱい食べられて、野菜もたっぷり摂れ、味もおいしい。オーナーもなにくれとなく面倒を見てくれる。僕たち劇団員にとっては、ひらがな館は腹を空かした胃袋を満たしてくれる頼もしいキッチンであり、生きていくのための〝生命線〟といえました。

オーナーによれば、一乗寺で十年間続け、僕が卒業した二年後に現在地へ移って、すでに三十年になるとの話です。俳優になってからも、京都へ来たときには、オーナーに会いにちょくちょく顔を出すため、現在の御蔭通店へ移転してそれほどの年月になるとは思いもしませんでした。内装やテーブルは昔の雰囲気のままで、うっかりすると、僕の学生時代からここにあったように錯覚してしまうほどです。

久しぶりに訪れ、雪見ミンチ定食を頼みました。大きなメンチカツの中に豆腐がゴロッと入っている人気メニューです。ランチタイムの終了間際だったため、京大の教授らしき外国の方がおられただけで、店は空《す》いています。オーナーの話では、京大の学生や先生だけでなく、最近は中国人など海外の観光客もやってくるとか。雑誌やガイドブックで紹介されたのを見て、わざわざ御蔭通まで食べに来てくださるというのはほんとうにありがたいことです。

お屋敷街で木や花にふれる

御蔭通より一つ北の東西の道筋は、僕の記憶では、日本家屋の大きな邸宅が門を構える、閑静な〝お屋敷街〟でした。単にお金持ちの屋敷ばかりではなく、貝塚茂樹《かいづかしげき》先生など京大の先生方の家もあり、その一軒に間借りしていた先輩を訪ねて、ときどき遊びに行ったことがあります。庭にはいろいろな樹木が植えられており、夏には蝉《せみ》しぐれがうるさいほどでした。

今も先生方の家はあるだろうか――。懐かしくなって、御蔭通を離れて寄り道してみました。静かなお屋敷街であることには変わりがないものの、僕が知っているころとは少し様変わりしていました。和風の家屋に混ざって、今風のモダンな建物がちらほら建っています。

当時の先生方の住まいや、先輩が間借りしていた家は、探したものの結局わからずじまい。三十年という歳月は思った以上に長いのですね。ただ、昔ながらの屋敷も残っており、塀越しに庭木が顔をのぞかせています。俳句をかじっているせいで緑や花が目に入るとつい何て名前だろうと気になります。暑い夏の午後だったせいか、人影を全くといってよいほど見かけない長閑《のどか》なお屋敷街で、家々の庭木や季節の花を眺めつつブラブラと散策する。特に見るべき名所旧跡があるわけではないけれども、僕にはけっこう心が和む散歩道でした。

白川疏水と出会う

御蔭通をひらがな館から東へ進んでいくと、白川疏水《しらかわそすい》と交差します。京都にいたころは疏水であることも知らず、何気なしに通りすぎていましたが、調べてみるとたいへん興味深い事実が次々と……。

明治維新後、東京遷都などで沈滞していた京都に活気を取り戻そうと、第三代京都府知事の北垣国道《きたがきくにみち》が琵琶湖から水を引き、水力発電や船運などによって産業を興すことを計画。一八八五（明治十八）年、琵琶湖疏水事業に着工し、五年もの歳月をかけて、一八九〇（明治二十三）年に大津から川端冷泉通《かわばたれいぜい》の鴨川合流点までの第一疏水が完成。翌年には商業用水力発電所が蹴上《けあげ》に稼働し、その電力で、紡績、伸銅、機械、タバコなどの新しい産業を興すとともに、一八九五年には、路面電車（京都電気鉄道伏見線）を京都駅～伏見間で走らせました。水力発電も、路面電車も日本で最初の偉業です。

この間、鴨川合流点から下流は鴨川左岸、深草、伏見を経て濠川《ごうかわ》に出る鴨川運河が開削され、南禅寺境内にある赤レンガ造りの水路閣を分岐点に、大文字山山麓に沿って北上する疏水分線もつくられました。沿線各地への水力利用や灌漑《かんがい》、防火用水等の供給が主目的で、南禅寺から若王子《にゃくおうじ》、白川を経て高野、松ヶ崎へと、南から北、その後は西へ流れ、最後は堀川に注いでいたそうです。白川疏水もこの分線で、そういえば、下宿先だった一乗寺でもその流れを目にしていましたっけ。

さらに、一九一二（明治四十五）年三月には第二疏水と蹴上浄水場が完成し、二年後には夷川《えびすがわ》発電所、伏見（墨染《すみぞめ》）発電所がそれぞれ稼働します。これにともなって、市電開通や水道事業にも取り組まれ、京都の近代都市への脱皮を促しました。しかも、これらの事業費の一部を市民が税金でまかなったといいます。京都の人たちが疏水に誇りを持っているのは当然ですね。

それから百年以上が経つのに、夷川発電所は今も関西電力の水力発電所として現役で事業を続けており、冷泉通から赤レンガ造りの施設を眺めることができます。鴨川運河は、一九八八年ごろ京阪電車の地下化によって御池通あたりから暗渠《あんきょ》になり、川端通として広げられました。再び地上に顔を出すのは塩小路通からですが、夷川〜御池間は、僕が学生のころと変わりなく、豊かな水量で音を立てて流れているのを目にすることができます。

話を白川疏水に戻しましょう。疏水左岸、つまり西側の道を「白川疏水通」といいます。御蔭通より南は志賀越道にぶつかる雰囲気のよい細い道です。疏水べりには樹木が鬱蒼《うっそう》と生い茂り、活断層に沿って低くなった西のほうには農学部のグラウンドや湯川記念館、理学部植物園などがあります。御蔭通との角には往年の時代劇の大スターが住むお屋敷があったらしいのですが、今はコンクリートのマンションが建つだけです。

御蔭通より北側は急に道幅が広くなります。道沿いにギャラリー、和菓子屋、そば屋、レストランなどの店が営業しており、散策の途中で立ち寄るのもいいでしょう。

もうひとつ、とっておきの情報。疏水の両側には数百本の桜の木が植えられており、シーズンには桜花爛漫《おうからんまん》になるそうです。学生時代に知っていれば……と悔やまれます。

思えば芝居に明け暮れ、花見をした記憶はほとんどありません。疏水の両側を埋める染井吉野の桜並木は壮観とのことで、大学の後輩でもある華道「未生流笹岡《みしょうりゅうささおか》」家元の笹岡隆甫《ささおかりゅうほ》さんは、『婦人画報』のウエブで「私の好きな桜十景」に白川疏水沿いを挙げられています。桜の季節に再訪しようと心に決め、北大路通まで歩いて行きました。

町あるきメモ

《その他の観光スポット》

◉京都大学総合博物館

京都大学の百年以上にわたる歴史のなかで研究・蒐集《しゅうしゅう》してきた貴重な学術標本や資料など約二百六十万点を保管・展示する博物館。化石や古文書、昆虫標本や機械の模型などのほか、ボルネオ島のランビルの森を再現したゾーンなど幅広く展示する。京大のシンボルともいえる時計台内部にある「百周年時計台記念館」も訪れたい。

◉百萬遍知恩寺

法然上人《ほうねんしょうにん》の直弟子・源智《げんち》上人が、師の恩を知り、報いるための寺として「知恩寺」と名付けた。一三三一（元弘元）年、都に疫病が蔓延《まんえん》した際、百萬遍の念仏を唱えたところ疫病が治まったことから「百萬遍」の号が下賜され、今も「百萬遍さん」と親しまれる。毎月十五日に境内で開かれる「百万遍さんの手づくり市」も有名。

◉田中神社

叡山電鉄「元田中」駅の一帯はかつては田中村といい、その産土神《うぶすながみ》として信仰を集めた神社。全国の田中姓の祖とも言われる。応仁の乱で記録は焼失して創建などは定かではないが、下鴨神社と縁は深く、式年遷宮の際に社殿を譲り受けたとの記録などが残る。境内には孔雀がおり、卵型のケースに入った「くじゃくみくじ」が珍しい。

◉駒井《こまい》家住宅

一九二七（昭和二）年、ヴォーリズ建築事務所の設計により建てられた京都大学名誉教授・駒井卓博士の私邸。昭和初期の洋風住宅として歴史的・文化的価値が高く評価され、京都市指定有形文化財に指定。現在は日本ナショナルトラストへ寄贈され、金曜と土曜のみ公開。

一乗寺（東山〜白川）

一乗寺という地名は、平安中期から南北朝にかけて、一乗寺という天台宗の寺院があったことに由来するそうです。

僕が生まれて初めて一人暮らしを始めたのは、高原通に面して建つモルタル式二階建てアパートでした。北向き一階の六畳一間で、キッチンとトイレがついて、家賃が月二万八千円。風呂はなかったものの共同のコイン式シャワーがあり、当時としてはかなりリッチな下宿でした。

アパートのすぐ裏を、出町柳と八瀬《やせ》や鞍馬《くらま》・貴船《きぶね》を結ぶ叡山電鉄（通称叡電）が走っていましたが、電車の音はほとんど聞こえませんでした。劇団の稽古や麻雀をやり、下宿へ戻ってくるのは朝方。朝刊を読んでから午後の二時、三時まで眠り、それから大学へ行く。みなは授業を終えて下校してくる時間帯で、そういう連中とすれ違ってキャンパスに入り、古い教室の中で芝居の稽古をする（四回生からは烏丸御池のビルに稽古場が変わった)、という生活を送っていました。

一乗寺で四年間暮らし、そのあとの二年間は、駅一つ南の叡電茶山《ちゃやま》駅と元田中《もとたなか》駅のちょうど真ん中あたりに引っ越して、弟と住んでいました。

思い出の詰まった一乗寺のアパート「ハイツ吉川」はもうありません。以前、取材で寄ったときにはちょうど取り壊されている最中で、まだ土台が残っていました。かろうじてかつての部屋をたどることができ、アパートの〝通夜〟にやっと間に合った、そんな運命的なものを感じたものです。今回訪れてみると、瀟洒《しょうしゃ》なマンションに生まれ変わっており、面影もすっかり消え去っていました。

京一会館でオールナイト映画を観まくった日々

一乗寺を下宿先に選んだのは、京一会館という映画館に近かったからです。京一会館がなくなってもう二十七年が経ち、今の若い学生たちには全くわからないでしょうね。

僕のアパート前の道(高原通)を北へ行き、曼殊院《まんしゅいん》通を一乗寺駅と反対側に少し行った北側のスーパーマーケット(京都市場)の二階に、京一会館がありました。当時の京都の二番館といえば、洋画では祇園会館、邦画では京一会館でした。土曜日や祝日の前夜は、監督やシリーズものの特別プログラムをオールナイト上映。父親の京大時代のクラスメートだった大島渚《おおしまなぎさ》監督の作品ともここで出会いました。自主映画の上映にも熱心で、大森一樹《おおもりかずき》監督の若いころの作品を知ったのも京一会館です。いわば京都の、いや関西の映画文化の中心だったといってよく、熱烈な京一ファンが通ってきていました。

僕が映画にはまったのは、中学二年生でした。試験期間中、学校が早く終わると、その足で友人と連れ立って、大阪市内のキタやミナミの映画館へ出かけていくのです。小遣いが少ないため、観るのは二番館か三番館の二本立て、三本立て。いっぱしの映画少年を気取り、映画評論を書いて学校の廊下の壁に張り出したほか、8ミリで短い映画をつくったりもしていました。また、もらってきた割引券を学校で配って宣伝するなど、ちょっと変わった中学生だったようです。

高校二年でつかこうへいさんの芝居に衝撃を受け、映画から芝居へ軸足を移しましたが、映画好きは基本的に変わらずじまい。京一会館の近くに住んでいてよかったと今でもつくづく思います。

僕が京都を離れたあと、一九八八年に京一会館はその歴史に幕を閉じ、今は建て替えられて、一階がドラッグストア、二階がスポーツジムになっています。時とともに、ここに京一会館という文化の坩堝《るつぼ》があったことも忘れ去られていくのでしょうか。

京都のラーメンはこってり系に限る

京一会館から西へ行き当たった道が、高野からの東大路通の延長です。この道は最近通称〝ラーメン街道〟と呼ばれるほどラーメン屋の激戦区。僕がよく通ったのがラーメン専門店「天天有《てんてんゆう》」です。

「天天有」はそのころから、京都では隠れた人気ラーメン店でした。店が開くのはたいてい夕方。そこから夜中の四時ごろまで営業しており、腹が減ったなあと思ったら、白川通の「天下一品」（天一《てんいち》）本店か、「天天有」へ出かけていきました。下宿からだと、「天天有」なら歩いて五分、「天下一品」はチャリンコで五分。余裕のあるときは「天下一品」本店に行くことが多かったのですが、当時は早く閉店していたため、遅い時間や急いでいる際には、近場の「天天有」か「ラーメン岩倉」でした。

「ラーメン岩倉」は、現在のラーメン街道の南端辺り。北大路通から少し上がった

京都の“こってり”の代表格「天天有」

東側にあり、ラーメンだけでなく、焼き肉もやっていました。学生でもちょっとがんばれば食べられるぐらいの値段で、少し贅沢をして肉を食べたいと思ったときには出かけていったものです。

「京都のラーメンはあっさり系」とイメージされがちですが、主流はこってり系です。こってりでも脂臭くなく、野菜などのドロドロで、僕がおいしいと思い、周りにも推奨するのは、一番が「天下一品」本店、二番が一乗寺「天天有」でした。「天下一品」は今や全国展開していますが、本店だけはスープが違うようで、味は今も本店が一番だと確信しています。

ラーメン街道では店の入れ替わりも激しいようです。栄枯盛衰が世の常の中で、「天天有」が四十年以上も営業を続けていられるのは、それだけ味が支持されているからでしょう。また、「天天有」ががんばっていたからこそ、この通りがラーメン街道になったのではないかと思います。

線路の上から京都タワーを遠望する

　ある夜、一乗寺駅のホームで電車を待っていたときです。何気なく、まっすぐ南へ延びる線路のかなたに目をやると、遠くに灯りを発見しました。まぎれもなく京都タワーの灯りです。和ロウソクを模したその姿がくっきりと夜空に浮かんでいました。

　位置で言えば、一乗寺は北大路通よりもまだ北、京都市街地の北端に近いところです。他方、京都タワーは京都駅前の塩小路通に面し、市内でも南に位置しています。直線距離にしたら、七キロちょっとでしょうか。それだけ遠くに建つ京都タワーが、叡電の線路上の空間の正面に見えたのは感激でした。「昼間も見えるかな」と、翌日、さっそく同じ場所に立ってみたら、やはり正面に京都タワーがかすみながらもちゃんと見えました。線路が曲がりくねったりせず、茶山駅の向こうまで一直線に視界が広がり、ちょうどその方向の先に京都タワーがあるのが、地図を見るとわかります。まるで京都タワーを見るために切り拓かれたような空間でした。

　最近、取材などで京都へ来るたびにおすすめスポットとしてここを紹介しています。京都では基本的に高い建物が建てられないためか、あれから三十年以上経った今も行ってみると、線路の先に変わらずに京都タワーを見ることができるのです。京都タワーが建つときには「古都に似合わない」などと反対論が多かったと聞きますが、僕にとっては京都に帰ってきたとホッとする京都のシンボル。不粋な駅ビルが建って、新幹線のホームからこのロウソクタワーが見えなくなり、残念で仕方ありません。

元京一会館の向かい側にある「恵文社《けいぶんしゃ》一乗寺店」は、ガイドブックにもよく紹介される、この界隈では最も人気の高いスポットです。「スタッフがセレクトした本を並べる」が謳《うた》い文句であるように、書棚の品ぞろえがユニークです。洋服や日用品、雑貨などを取りそろえた「生活館」、ギャラリー「アンフェール」も併設されており、若い女性客を中心に賑わっていました。学生時代に知っていたら、入りびたりになっていたでしょう。

一乗寺駅から曼殊院通を東に向かうと、宮本武蔵と吉岡一門との決闘の場となった一乗寺下り松を経て、枯山水《かれさんすい》庭園で有名な門跡《もんせき》寺院・曼殊院へ行けます。途中にはスイーツやカフェ、レストラン、古書店などもあり、そちらへ足を延ばすのも一興です。

町あるきメモ

《その他の観光スポット》

◉曼殊院

青蓮院《しょうれんいん》、三千院などと並ぶ天台五門跡の一つ（門跡：親王、法親王が住職として居住する寺院のこと）。最澄《さいちょう》によって比叡山で創建され、一六五六（明暦二）年、現在地に移る。日本三不動の一つである国宝「黄不動」をはじめ多数の文化財を有し、小堀遠州《こぼりえんしゅう》作と伝わる庭園は春はツツジ、秋は紅葉が楽しめる。

◉詩仙堂《しせんどう》

徳川家の家臣であった石川丈山《いしかわじょうざん》

が、隠居のために造営した山荘。正式名称は丈山寺だが、狩野探幽《かのうたんゆう》筆の中国の詩家三十六人の肖像を掲げる詩仙の間から「詩仙堂」と呼ばれる。春はサツキ、秋は紅葉が見事な庭には、丈山が考案したという「ししおどし」の音が響く。

◉圓光寺《えんこうじ》

一六〇一（慶長六）年、徳川家康により伏見に学校として建立され、一六六七（寛文七）年、現在地に移転。圓光寺版と呼ばれる図書も出版しており、印刷に使われた木製活字が今も残る。紅葉と苔のコントラストが美しい十牛《じゅうぎゅう》の庭は紅葉の名所として人気を集める。

◉修学院離宮《しゅうがくいんりきゅう》

一六五六～一六五九（明暦二～万治二）年にかけ、後水尾《ごみずのお》上皇が比叡山麓に造営した広大な山荘。五十四万五千平方メートルの広大な敷地は上離宮、中離宮、下離宮で構成され、最も高い場所にある上離宮の隣雲亭からは、京都市内を見下ろすことができる。

岡崎経9号線

（春日北通～東一条通）

春日北通から黒谷さん（金戒光明寺《こんかいこうみょうじ》）の脇を抜け、岡崎通～神楽岡《かぐらおか》通を歩く予定でしたが、そこへの途中で北へ抜ける細い道に好奇心をそそられました。建物と建物に挟まれた軽い上り道です。初めて認識した道で、京大時代に歩いたことも、チャリンコで走ったこともありません。あとで京都市の道路地図で探すと、「岡崎経9号線」と味もそっけもない道路名が記されていました。

どこへ抜けられるか――。妙に興味を惹かれて、岡崎通～神楽岡通のルートをやめ、その道にチャレンジしてみることにしました。道を上るにしたがって、左手に続いていた民家の屋根がだんだんと下がっていき、崖の下へ降りる道がところどころについています。その道の向こうには春日北通からのアスファルトの平坦な道路が見え、いったいどういう地形になっているのか、何かだまし絵の世界に迷い込んだようです。なおも上り坂を歩むと左手の崖はさらに落差を増します。そして、東には養護施設の

上りと下りが入り乱れて異空間を演出

大きな建物の塀が途切れ、突然、寺院の石段が現れました。

石段を上った門柱に、「善正寺《ぜんしょうじ》」と「村雲瑞龍寺《むらくもずいりゅうじ》豊臣秀次《とよとみひでつぐ》公御墓所」という文字が読めました。豊臣秀次は、豊臣秀吉の姉・智子の子どもで、世継ぎのいなかった秀吉によって関白を譲られ、後継ぎと目されていました。しかし、秀吉と淀殿《よどどの》との間に男の子が生まれたために、疎まれて切腹を申し渡されます。妻妾ともども子どもまで三条河原で皆殺しにされ、秀次の母である智子は事件後尼になり、秀次らの菩提《ぼだい》を弔うために建立したのがここ善正寺でした。境内には秀次一門を供養する塔が建っています。ただ、供養の目的以外の見学は認められていません。

ちょっと気取っていく店だった風媒館

道は神楽坂通で行き止まりです。さて、東に行くか、西へ行くか。東へ進めば、岡崎通の延長である神楽岡通に出て、真如堂《しんにょどう》から吉田山へと抜けられます。吉田山荘への矢印も出ていました。吉田山荘は元東伏見宮家別邸という素晴らしい建物の高級料亭で、親友のヴァイオリン奏者・古澤巌《ふるさわいわお》のコンサートを聴きに行くなど、何度か足を運んだことがあります。もちろん、学生時代は全く縁がありませんでした。

最近はカフェもでき、手軽に行けるとのことでしたが、初志を貫徹して、未知の西へ進み、一筋目をさらに北へ折れました。両サイドに一般の住宅が並ぶ道で、通り名はわかりません。右手には、木々の繁る丘らしきものがちらほら見え隠れしています。

迷路のような道をジグザグに歩き、気がつくと吉田東通に出ました。「はて、ここは見覚えがある……」と記憶をたどり、かつて「風媒館《ふうばいかん》」という喫茶店（今なら〝カフェ〟でしょうか。当時はそんな言葉はありませんでした）へチャリンコでこの道を走ったことを思い出しました。「ひらがな館」は部員らと行く日常食の店だとすると、「風媒館」は女性が好みそうなちょっと小じゃれていて、食事の量は多くないものの、雰囲気がよく、少し恰好をつけて食べに行く店でした。

今もあるのか、気になって探してみましたが、どうにも記憶があいまいで、このあたりではと思って行ってみても、見つかりません。やはりなくなったのかと諦《あきら》めかけていたところ、近衛通を下がった吉田東通の西側でついに発見。今も営業をしていました。京大からすぐだった気がしていたのですが、徒歩とチャリンコとの違いによるものか、思っていたより距離があったということです。

外観はすっかり寂れていましたが、中はそんなに変わっていないような……。でも、経営者は変わっていました。三十年の歳月が経っているのですから、無理はないのかもしれません（編集部注：風媒館は二〇一五年八月末閉店）。

気を取りなおして再び住宅街を北へ。おしゃれなアートクラフト店やカフェが住宅の並びにひょっこり顔をのぞかせていたり、さるすべりなどの花がさりげなく咲いていたりして、興味はつきません。自分が生活していたそばにこういう道があったとは、新鮮な発見でした。よく知っているつもりの京大の近辺でさえこれですから、路地歩きの楽しさを改めて教えられた気がしました。

吉田山へ登るなら神楽岡通から

東一条通に出ました。左手が京大、右手が吉田神社と吉田山です。京大生にとっては庭みたいなところです。劇団の稽古場がまだ京大構内にあったころは、吉田山で柔軟体操や発声練習をしました。

吉田山の名は吉田神社に由来し、別名・神楽岡とも呼ばれ、「神楽坂」とか、「神楽岡」という通りがあるのもそれゆえです。標高約百二メートルの丘で、旧三高寮歌「紅もゆる」の中でも「月こそかかれ吉田山～」と歌われ、山頂にはその碑文が立っています。

山を登るには、吉田神社からのルートのほかに、東の神楽岡通からのルートがあり、山頂への石段の一角には大正時代のレトロな住宅群があるなど、趣のある道です。山頂付近の古民家を改造したカフェは、隠れた穴場として知られています。ただ、卒業後も何度か登ったことがありますが、樹木が茂りすぎていて、京都の町も、京大のキャンパスも見えなくなり、つまらなくなりました。どこか一カ所でも木の枝をはらって眺めのよい場所をつくれば、人気のスポットになることは

何かわからないものとの出合いも
町あるきの楽しみのひとつ

間違いないのですが……。

その点、大文字山（如意ケ嶽《にょいがたけ》）は山頂からの眺めが最高。京都市内を一望できます。京大からは意外と近く、劇団のトレーニングでランニングをしながら行ける距離でした。大文字山に登り、そこで発声練習をしたり、腹筋を鍛えたりするのです。劇団というのは、文化系サークルではなく、完全に体育会系。全員でふうふう息を切らしながら走った思い出があります。大文字山は標高約四百六十六メートルですが、大文字送り火の火床までなら三百五十メートルほど。ハイキングがてら一時間ほどかけてゆっくり登り、大の字の火床に立てば、京都市内の眺望を満喫できます。

吉田神社は貞観年間（八五九～八七七年）の始まりとされます。神社建築では稀有な八角形の平面の社殿・大元宮《だいげんぐう》があり、お参りすると全国の神社に詣でたのと同じ霊験があるとかで、合理的な現代人にぴったりじゃないでしょうか。また、二月二日から四日にかけての節分祭での「鬼やらい」が有名で、期間中は東一条通の両側には屋台がずらっと並びます。ただ、この期間は学年末ということもあり、学生時代に訪れたことが実はありません。京都の街には、灯台もと暗し的なところがあふれています。

東一条通から吉田神社の参道入り口の前を道なりに右左折して京大裏沿いに北へ進

むと、今出川通に出ますが、その手前に右斜めへの道があります。京大でいったん途切れた志賀越道の続きで、これについては第四章の荒神口通の項を読んでください。

近くて遠かった京大西部講堂

吉田神社の前を逆に京大正門のほうへ進み、東大路通を渡って北へ曲がると、京大西部講堂が建物の奥に目にできます。僕が京大へ入る少し前の一九七〇年代初めは、西部講堂といえばアングラ演劇やロックミュージックの演奏が盛んに行われるなど、反体制的な若者の一種の〝聖地〟でした。瓦屋根には、三つの星が描かれています。

一九七七年四月に大学に入学した僕は、入学式より前に「劇団卒塔婆小町」に入団。その年の第二回公演（つかこうへい作「郵便屋さんちょっと」）と第四回公演（唐十郎作「少女都市」）、そして翌年四月の第五回公演「淋しいおさかな」と、西部講堂での公演を三度経験しました。第二回公演はピンスポット担当で、役者として初舞台を踏んだのが第四回公演。それも、新入学の新人部員なのにいきなりヒーロー役を与えてもらいました。芸名はつみつくろう。今も関西に帰ると、この名前で呼ばれることがあります。

西部講堂は役者としてデビューした記念すべき場所ではあるのですが、半面、苦い思い出もあります。そこの管理・運営を牛耳っていたのが政治色の強いおニイさんたちで、ノンポリの我々とはどうにも相容れなかったからです。結局、西部講堂での公演はその三回きりで終わり、それ以来、遠い存在になりました。

前にも書きましたが、僕が芝居を始めたのは、アングラ演劇が衰退したあとに颯爽《さっそう》と登場してきたつかこうへいさんの芝居に憧れたから。高校二年生で初めて芝居を観たときに、「こんな面白い演劇があるんや」と感動して、友人と二人で劇団を結成、卒業までにつかさんの作品など五回も公演しました。そして、大学でもつかさんの芝居がしたくて、彼の代表作「熱海《あたみ》殺人事件」で旗揚げしたばかりの「劇団卒塔婆小町」を選んだのです。

ところが一年後に、先輩たちと劇団の将来について意見が分かれ、創立メンバーの三、四回生全員がやめてしまいました。やむなく一、二回生で続けていくほかなく、二回生の僕が営業・宣伝などの外回りを引き受けることに。さらに、翌年には座長に就き、授業そっちのけで劇団経営に奮闘。次々に新しいことにチャレンジして、気がつくと「劇団そとばこまち」は関西一の人気劇団に成長していました。今から考えると、実に素晴らしいメンバーに恵まれていたからでした。

　西部講堂の前に立つと、ふつふつとそのころのエネルギーが甦《よみがえ》ってくるような気がします。その西部講堂の裏（西）の路地が鞠小路《まりこうじ》通。この道には、割烹「梁山泊《りょうざんぱく》」や、海外へ行くときのお土産によく使うオリジナル金平糖の「緑寿庵清水《りょくじゅあんしみず》」など、有名店が点在しています。散策の価値ある道です。

町あるきメモ

《その他の観光スポット》

◉真如堂
　正式名称は真正極楽寺。九八四（永観二）年開創。本尊の阿弥陀如来は、円仁（慈覚大師）が「修行者を守護してください」と祈ると首を横に振り、「衆生、特に女性をお救いください」と祈ると頷《うなず》いたという伝説から「頷きの阿弥陀」とも呼ばれる。紅葉の時季も美しいが、それ以外の時季の静かな風情もよい。

◉重森《しげもり》三玲《みれい》庭園美術館

東福寺の市松模様の庭で有名な昭和を代表する作庭家・重森三玲の旧宅で、三玲が七十四歳のときに手がけた枯山水の庭園が鑑賞できる私設美術館。モダンな照明や襖絵で彩られた邸宅そのものも見事。要予約。

◉銀閣寺

室町幕府八代将軍足利義政が営んだ山荘東山殿をその死後、寺に改めた。正式名称は慈照寺。白砂を波状に整えた銀沙灘《ぎんしゃだん》と、台形に盛られた向月台《こうげつだい》が有名。東求堂《とうぐどう》（国宝）内部の同仁斎は、付書院と違い棚をそなえた最古の書院造とされる。

出町

（叡電出町柳駅〜出町商店街）

　学生時代は、日常の移動をほとんどチャリンコですませ、叡電に乗る機会はさほどありませんでした。それでも一乗寺駅から叡電に乗って、出町柳《でまちやなぎ》駅に降りたことは何度かありました。八瀬や貴船、鞍馬へ出かけるときも、利用したのは叡電です。

　出町柳駅はそのころ、現在の近代的なコンクリート造の駅舎ではなく、開業時のままのようなこぢんまりとした木造の駅でした。できた当初は、駅名の語源になった大きな柳の木が街道の分岐点に植わっており、「柳の辻」と呼ばれたそうですが、一九三四（昭和九）年の第一次室戸台風で倒れたとのこと。すぐに二代目を植えなおせばよかったのにと残念に思います。街にはシンボルや歴史が必要です。

　明治時代後半、疏水の水力発電で路面電車を走らせた京都電気鉄道の出町線の終点が出町駅で、京都電燈（現京福電鉄）が、ここを始発駅に八瀬まで叡電を走らせたのが一九二五（大正十四）年です。叡山電鉄の「叡山」とは比叡山のことで、その京都側の登り口が八瀬でした。京都電燈は叡電開業と同じ年に、八瀬と比叡山山頂の四明《しめい》ケ嶽《がだけ》とを結ぶケーブルカー（叡山本線・鋼索《こうさく》線）も開業します。

また、八瀬には、二十五メートルプールやローラースケート場、動物園、水族館、植物園などが整った約三万坪の一大遊園地まで開園しました。しかし、僕が学生のころはさびれて閉園寸前に追い込まれ、わずかにプールが賑わっていたていどでした。そのプールもなくなり、現在、豪華なリゾートホテル「エクシブ京都 八瀬離宮」が建っています。

出町柳駅の向かいに、柳月堂《りゅうげつどう》というパン屋兼名曲喫茶がありました。クラシック好きの学生たちの溜まり場だったところで、店舗は改装されているものの、現在もしっかり営業されています。

大原口の道標に往時を偲ぶ

出町とはちょっと変わった地名ですが、京の出外れ、つまり、町はずれに出るとの意から来ているという話です。また、大原から大原女《おはらめ》が柴などを頭に載せて京都市内へ売りにくるときに、最初に出合う町だからという説もあります。

今出川寺町が京の七口の一つ、大原口にあたり、ちょうど交差点の東北角に石造りの立派な道標が建っていました。東に下鴨、比叡山、吉田……、西に内裏、北野、金閣寺……、北には上御霊《かみごりょう》、上賀茂、鞍馬……、そして、南には三条大橋、祇園、清水などと、東西南北の案内が距離とともに刻まれています。建立されたのは「慶応四辰年四月」。慶応四年は、鳥羽伏見の戦いに始まる戊辰《ぼしん》戦争が起きた一八六八年で、九月八日には明治と改元されます。その戊辰戦争のさなかに建てられたわけで、路地歩きの楽しみは、こういう道標を発見し、そこに示された地名などを頼りに、かつての京都に思いを馳せることができることです。

京の七口とは、京の都と諸国とを結ぶメイン街道の出入り口で、大原口以外の六つは、荒神口《こうじんぐち》、粟田口《あわたぐち》、東寺口《とうじぐち》、丹波口《たんばぐち》、清蔵口《せいぞうぐち》、鞍馬口《くらまぐち》です。このうち大原口は、出町から大原、途中《とちゅう》、朽木《くつき》を経て、近江、さらに若狭《わかさ》へと通ずる若狭街道の出入り口にあたります。

若狭街道は、日本海の若狭・小浜《おばま》で獲れた鯖《さば》に一塩して京都へ運ぶ〝鯖街道〟としても知られ、その終着駅が出町でした。それを示す道しるべが、出町橋西詰にあります。「鯖街道口　従是洛中」と記された石碑がそれです。

小浜では「京は遠ても十八里」といわれました。約七十一キロです。若狭の小浜から琵琶湖の西側の朽木、途中、古知谷《こちだに》、大原、八瀬を経て出町に着くころには塩がいいあんばいになじみ、京都の人はその鯖を焼き物、味噌煮などにして食したといいます。鯖寿司が京都で発達したのも、若狭の一塩物が手に入ったからです。一五七〇年、朝倉攻めの織田信長が、妹・お市の暗示で浅井長政の裏切りを知り、脱兎《だっと》のごとく退却したのもこの若狭街道でした。

出町はまた、東の高野川と西の賀茂川とが合流して鴨川となる地点です。二本の川がV字をつくるデルタ地帯には、賀茂川の対岸にも、高野川の対岸にも、飛び石伝いに行ける、亀、千鳥、矩形《くけい》にデザインされた石が適度な間隔で設置されています。

学生グループや若いカップル、家族連れなどで賑わっていますが、弁当などの食べ物を狙って、空から鳶《とび》が急襲してくるという噂です。上空を見上げると、〝空のギャング〟が悠々と飛行していました。

素朴だが、忘れられない味・豆餅

賀茂川にかかる出町橋を越え、河原町通の信号を渡ったところにあるのが、「名代豆餅」が人気の生菓子の店「出町　ふたば」です。創業が一八九九（明治三十二）年ということは、東京〜大阪間に長距離電話が開通した年です。変わったところでは、国産第一号の活動写真が東京の歌舞伎座で上映されています。題名が『芸者の手踊り』。芸者の踊る姿を映したものだったのでしょうか。

話が横道に逸《そ》れました。ふたばの豆餅は、こしあんがふわふわの柔らかい餅皮でくるまれた、素朴な味の和菓子です。表面のところどころには、臙脂《えんじ》色の豆が皮を突き破るかのように盛り上がっています。最初に食べたときに、この突起物が豆らしきものとはわかったものの、何の豆なのかがよくわかりませんでしたが、尋ねると、北海道産の赤えんどうとのこと。甘みを抑えたこしあんと、少し歯ごたえのある赤えんどうとの味のバランスが絶妙で、つい手が伸びてしまいます。

どれもおいしいが、やはり豆餅ははずせない（ふたば）

学生のころはここまで足を延ばす機会が少なく、

この店を知ったのも卒業してからです。最近は体重を抑えるために甘いものは控えているのですが、それでも、東京にはない忘れられない味であるのと、息子が餅好きなので、近くへ来たらついつい土産に買うことに。いつも混んでいるので、時間的な余裕を見てお買い求めください。

商店街は地元の情報を収集する絶好の場所

地方都市へロケに行くと、時間に余裕があるときは、そこの町の商店街へ出かけるのを恒例にしています。いつか役づくりやエッセイを書くときに役立つかもしれないという職業意識もありますが、基本的には、どういう店があり、どういう商品を売っているのか、どういう人が買い物しているのかなど、そこで暮らす皆さんの生活にふれながら商店街を観察して歩くのが好きなのです。

そして気になったお店には、遠慮なくどんどん入っていきます。お客が一人もいないよりは、買う、買わないは別にして、来てもらって賑やかなほうがありがたいと思うからで、商品を手に取ったり、店の方にもいろいろと積極的に質問したりします。「聞くは一時の恥。聞かぬは一生の恥」。地元の人やその道のプロならではの情報が得られ、そのうえ、その人と顔馴染みになって交友が広がる。楽しいひとときです。

出町（桝形《ますがた》）商店街は、河原町通から寺町通まで全長約百六十メートルに、三十九店舗が立ち並ぶ商店街です。たまたま訪れた日には七夕の飾りが吊るされて、華やいだ雰囲気でした。鯖寿司と麺類の店、ドラッグストア、魚屋、八百屋などが軒を並べ、地元の方が普段着姿で日用品や夕飯のおかずなどを買っています。

一軒の魚屋を覗いてみると、大きな甘鯛が一尾丸々売られていました。京都の人は、甘鯛のことを「ぐじ」と呼びます。若狭の海で獲れる若狭産が最高で、昔は鯖と同様、一塩物が鯖街道を通って運ばれてきました。鯛よりも高級魚で、京都の料亭の必須素材です。最もポピュラーな食べ方は焼き物。ほかにも、造りやちり鍋、から揚げ、蒸しなどさまざまに調理されて出されます。最近は東京でもたまに見かけますが、味は今ひとつ。やはり京都でこよなく愛されている魚は京都で食べるべきでしょう。

寺町通から今出川通に出て、スポーツ用品店の角を右折しました。「ほんやら洞」が火災で焼けたという新聞記事を読み、気になっていたからです。「ほんやら洞」は、一九七二年にフォーク歌手の岡林信康《おかばやしのぶやす》さんらが開店した喫茶店で、文化の発信拠点的なところがありました。もっとも、学生時代には同志社大生の〝シマ〟という感覚が強く、積極的には出入りしなかったのですが、それでも当時のモニュメント的な存在であったことは間違いありません。目の前のすでに更地になった焼け跡を見て、少し感傷的になりました。

寺町通は、豊臣秀吉の政策によって寺院が集められた通りで、商店街から北へたどって、「願わくは、我に七難八苦を与えたまえ」と三日月に祈った逸話で有名な戦国武将・山中鹿之助の墓がある本満寺《ほんまんじ》をはじめ、佛陀寺《ぶっだじ》、十念寺《じゅうねんじ》、阿弥陀寺《あみだじ》、さらに縁結びの神とも、触ると祟りがあるともされる幸神社《さいのかみのやしろ》などにも寄り道したいところです。

また、今出川通の南は京都御所、北は同志社女子大学、同志社大学で、明治期の赤レンガ校舎のほか、応仁の乱の発祥地となった上御霊神社、足利義満創建の相国寺《しょうこくじ》、寺宝を拝見できる承天閣《じょうてんかく》美術館などどこちらも見どころ満載。地図を片手に訪ね歩くと興味が尽きません。

町あるきメモ

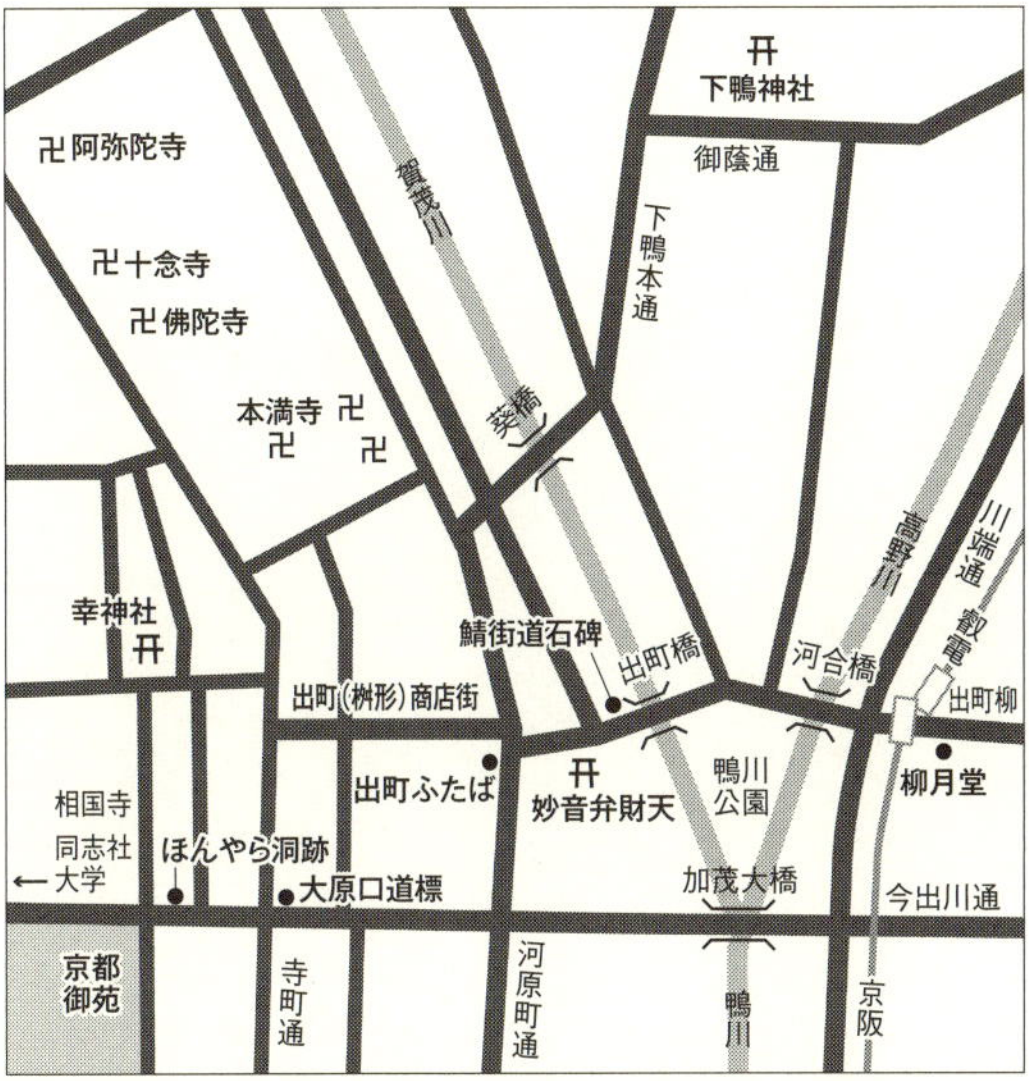

《その他の観光スポット》

◎本満寺

　一五三九（天文八）年に後奈良天皇の勅願所となり、一七五一（宝暦元）年には八代将軍徳川吉宗の病気平癒を祈り、以後将軍家の祈願所ともなった。春の枝垂《しだ》れ桜が有名。

◎妙音弁財天《みょうおんべんざいてん》

　京都七福神の一つで、音楽や芸能上達のご利益で知られる。境内にある六角堂を歳の数だけ回りながら参詣すると願いごとが成就するといわれる。

第二章

花街を歩く

祇園南（花見小路より東の通り）

祇園は京都最大の夜の町です。一口に祇園と言っても、四条通を境に、北と南とではガラッと様相を変えます。北はスナック、居酒屋などが入居するテナントビルが立ち並び、どこにでもある都会の繁華街と似た姿ですが、四条通以南は一変します。由緒あるお茶屋や料理屋、都をどりの舞台である祇園甲部歌舞練場《こうぶかぶれんじょう》などが密集し、着物姿の舞妓《まいこ》や芸妓《げいこ》が行き交うなど、いかにも京都らしい情緒の町並みです。二〇〇一年には石畳が整備され、電線類も地中化されました。観光客にとっては魅力たっぷりのスポットで、休日には人、人、人でごった返しています。

今回は、花見小路通の混雑を避け、四条通から二筋南、お茶屋「一力《いちりき》」を過ぎたもう一本先の道を東へ歩くことにしましょう。この道はそのまま東へ進むと、坂を上がって東大路通に出られる一方、その間に四筋ほどの中小の路地が南へ延び、祇園らしい家並みが並んでいます。

もっとも、僕がこのあたりをうろうろするのはたいてい夜。昼間だと、行きつけの店がほとんど閉まっている時間帯で、「確か、このあたりに馴染みの店があるはず」と思っても、提灯に灯が点《とも》っていないために位置関係がよくつかめません。まるで知らない街を歩く感覚だった半面、夜では気づかないことをいろいろと発見できる面白さがあります。

宅配業者も祇園らしく

その一つが、丸に「飛」の字の暖簾《のれん》がかかった、真新しい和風造りの建物。その前には、ひときわ鮮やかなブルーの箱型のリヤカーが置かれています。佐川急便の祇園の集配所です。開業して五カ月とのことで、店内を覗くと、荷物の集配だけでなく、手ぬぐいや扇子などのグッズも販売しています。そういえば、公式ファンブック『佐川男子』（飛鳥新社）が三年ほど前に発刊され、佐川のドライバーが一躍話題になったことがあります。佐川グッズもその延長でしょうか。

昼は眠ったように静かな路地

佐川の一筋手前を右に曲がり、焼き鳥の「万輔」の前を通りこしていくと、左手にあるのが「祇園 波木井《はぎい》」という和風バー。おとうさんは芸達者で、三味線で弾き語る都々逸《どどいつ》などの替え歌は爆笑に次ぐ爆笑。歌舞伎俳優や芸能人のお客も多く、その芸は人間国宝にしていただきたいくらいです。

「波木井」の少し先が、何度かお邪魔したことのある料亭「祇園丸山」。値段は安くありませんが、料理もトップクラスです。建仁寺の裏の八坂通にも店があり、昼食には懐石を少し手軽な値段で楽しむことができます。この近辺では、「ぎをん 今」もお気に入り。ほかにも素晴らしいお店がひしめいています。

夜も決して人通りの多い路地ではありませんが、昼間はさらに閑散としていました。お茶屋などの建物が眠ったようにひっそりとたたずむだけで、ここが昼ではなく、夜の街であることを教えてくれます。

歌舞練場（祇園甲部歌舞練場）の裏通りへ出ました。ここの歌舞練場は一八七三（明治六）年に建仁寺の塔頭《たっちゅう》を改築したのが始まりで、現在地へ新築・移転したのは一九一三（大正二）年、小林一三《いちぞう》氏が宝塚音楽学校の前身である宝塚唱歌隊を設立した年です。「歌舞練場」の名のとおり、舞妓・芸妓が京舞や三味線など技芸を磨くところであると同時に、春には都をどり、秋には温習会といった発表会が催されます。なかでも、「都をどりはよ〜いやさー」の掛け声とともに始まる都をどりは、京都に春を告げる風物詩。僕も舞台人として何度か観にきたことがありますが、花街《かがい》を象徴するような芸・舞妓の華やかな舞は、しばし世俗を忘れさせてくれます。

『黄昏流星群』で知った縁切り石

歌舞練場裏通りをさらに南へ歩くと、安井北門通の向こうに安井金比羅宮《こんぴらぐう》の鳥居が見えてきます。正面は東大路通に面したほうで、こちらは北門です。

安井金比羅宮は、金比羅絵馬館があるほど絵馬の奉納で有名で、境内の絵馬台にはさまざまな願い事を記した絵馬が重なりあうようにぶらさげられていました。その絵馬以上に、最近とみに若い女性の人気を集めているのが、縁切り石です。社務所の斜め前に、人が通り抜けられるぐらいの五十センチほどの丸い穴の開いた石が境内にあり、表から抜けると悪縁を切り、裏から抜けると良縁を結ぶとされます。

縁切りは縁結びにつながるとする安井金比羅宮

この縁切り石は、弘兼憲史《ひろかねけんし》さんの名作『黄昏《たそがれ》流星群』（小学館『ビッグコミックオリジナル』に連載中）で知りました。『黄昏流星群』は一話一話が文学的薫りの高い短編小説のような素晴らしいマンガです。その一話に、ある女性がつきあっていた男性ともう縁を切ろうと金比羅宮までやってくるシーンがあります。それを覚えていて、京都に住み、今もたびたび来ているのに、知らなかったとは……と、ちょっと恥ずかしい思いでやってきました。

休日とあって、石の周りには若い女性が多く、とても、『黄昏流星群』の物語のようなしっとりとした大人の雰囲気ではありません。石の表面には、願文の札がベタベタと貼られており、雪をかぶったかのように真っ白です。世の中には縁を切りたいと願っている人がこれだけたくさんいるのか、と寂しく感じます。

再び北門を出たところで、道端に赤紫色の花をつけた草が生えているのに気づきました。「何の花だろう?」。かつて園芸番組に出ていた僕としては気になり、スマートフォンですぐに調べたところ、「紫御殿」という美しい名前のようです。別名「パープルハート」。恋愛を連想させる花と、縁切り神社。できすぎですかね。

西花見小路できなこのアイスクリームにぞっこん

祇園南の中でも、特に気に入っている道の一つが西花見小路です。低い軒下に、丹念に空拭きされた紅殻《べんがら》格子、二階にはよしずを垂らしたお茶屋の建物が連なり、昔ながらの花街の雰囲気を残していて、そぞろ歩くのに最高です。

花見小路通からたった一筋西というだけなのに、観光客は西花見小路までやってきません。一見《いちげん》さんの入れる店が少ないからでしょうか。その中で一軒、行列のできる店がありました。「祇園きなな」というアイスクリームの店です。

店の人の説明では、丹波産の黒大豆きなこなど天然素材をベースに、着色料、保存料をいっさい使わず、脂肪分も極力抑えて製造しているという話でした。もう一つの特徴は、ほとんどのアイスクリームに入っている卵黄が使われていないこと。これらによって、カロリーを気にする人や、卵アレルギーの人でも、アイスクリームが食べられるようになったようです。

いったいどんな味だろうといちばんシンプルな「プレーン」を頼みました。きなこの味が想像した以上に強くなく、あっさりとして虜《とりこ》になりそうな味。これで健康によいとすれば、並ぶほど評判になるのもわかる気がします。

「祇園きなな」のもう少し北に、お茶屋の建物を利用したカフェがありました。格子造りの京の町家は、家の中からは外が見えても、外からは家の中の様子がうかがえない造りになっています。京都人の暮らしの知恵がうかがえる素晴らしい日本建築。こういう建物をいつまでも大切に残していただきたいですね。

町あるきメモ

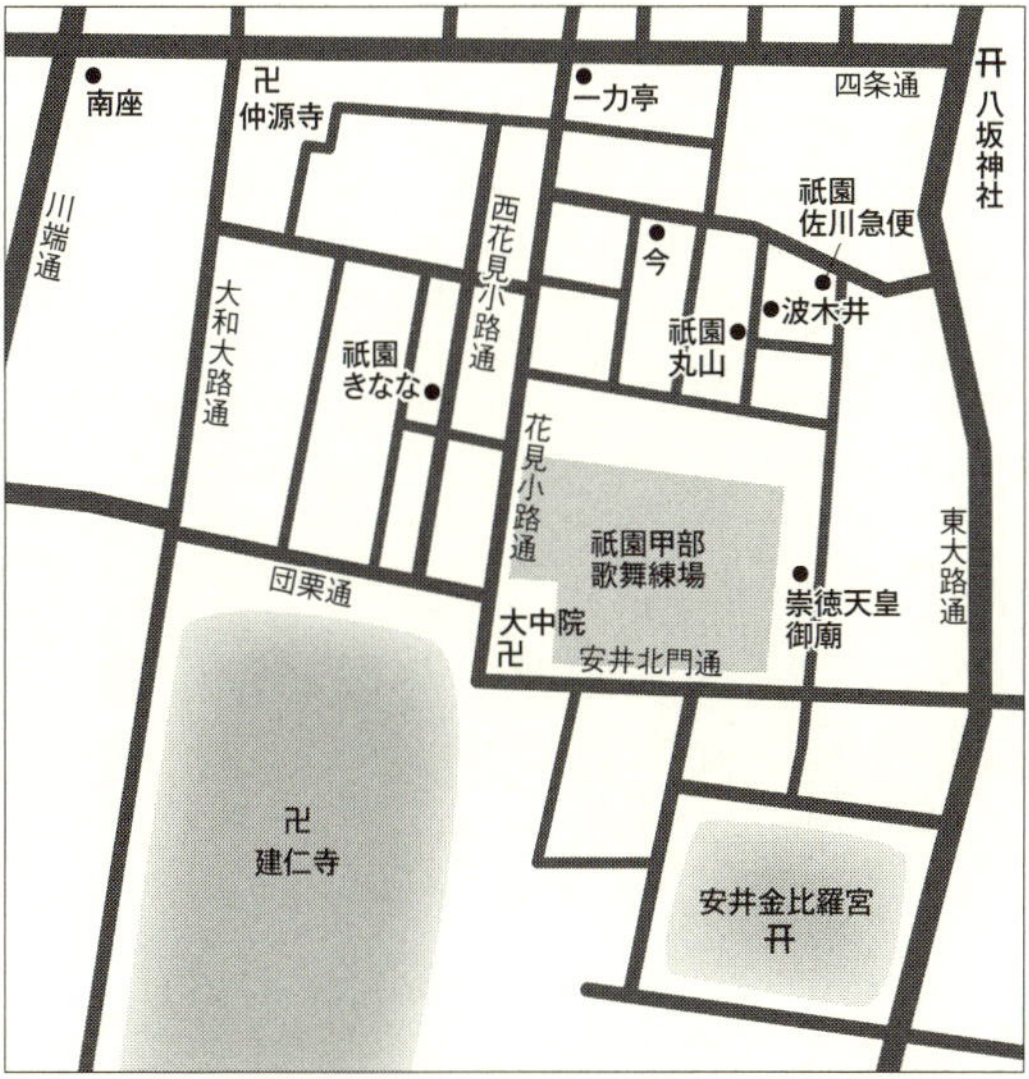

《その他の観光スポット》

●八坂神社

素戔嗚尊《すさのおのみこと》（牛頭《ごず》天王）、櫛稲田姫《くしなだひめの》命《みこと》などを祭神とし、六五六（斉明天皇二）年創建と伝わる。祇園社または感神院と呼ばれていたが、明治維新後の神仏習合により八坂神社となる。京都三大祭の一つである祇園祭は八坂神社の祭礼。大晦日から新年にかけては、〝おけら火〟をもらい受けるおけら詣りの人で賑わう。

切通《きりとお》し（四条〜古門前）

切通し——。一風変わった名前のこの通りは、祇園の北、花見小路通の一本西を走る、四条通〜新橋通間のわずか百八十メートルほどの長さの道です。「切通し」とは本来、山や丘を切り拓いて人馬が往来できるようにした道を指すのですが、街中の場合も、人家を取り壊してつくった道を「切通し」といいます。祇園北の切通し通も、もともとは家のあったところを切り壊してつくったために、こう呼ばれるようになったのかもしれません。

祇園北側は、クラブやスナックなどのネオンがきらめく飲食ビルが林立し、いかにも飲み屋街という雰囲気です。四条〜末吉町《すえよしちょう》間の切通し通も例外ではありませんが、老舗や有名な食べ物屋が何軒か店を構えているのと、歩いたその先に巽橋《たつみばし》と白川《しらかわ》という京都らしいスポットを控えているのがこの通りの魅力を高めています。

辰巳神社にはタヌキとキツネが祀られている？

　切通しは末吉町通を越えると、巽橋との間が狭い石畳に変わります。指呼《しこ》の間《かん》であるにもかかわらず、両側には、千本格子と出窓、竹でつくられた犬矢来《いぬやらい》が特徴的なお茶屋様式の建物が三〜四軒ほど建ち並び、京情緒たっぷりの一角です。その街並み一帯が「重要伝統的建造物群保存地区」に指定されており、京都を舞台にしたテレビドラマや、京都観光ガイドの番組では、巽橋、辰巳神社ともども、必ずといってよいほど登場します。

　僕が今さら紹介するまでもないかもしれませんが、巽橋はこの路地を通り抜けた白川に架かる小さな橋で、白川南通と新橋通とが交わる三角形の頂点に鎮座するのが辰巳神社です。

　巽橋は、一八二九（文政十二）年につくられたのが最初です。ほんの数メートルの短い橋なのに、この橋から西に向かってカメラを構える人が少なくありません。白川の左手にはお茶屋や料理屋などが軒を並べ、右手には桜や柳の枝が川面《かわも》に影を落としています。その流れの中に青鷺《あおさぎ》が一羽、何を考えているのか塑像《そぞう》のようにピクリとも

タヌキも祀られているという
辰巳神社（大明神）

動かずに突っ立っていました。

さやさやと瀬音が聞こえる浅いせせらぎ、その水面にふれるかのごとく垂れ下る緑の枝、よしずのかかった和風の窓と格子の手すり、そして、佇立《ちょりつ》する鷺。一幅の絵を見る光景です。

他方、辰巳神社は、もともとは京都御所の辰巳（南東）の方向を鎮護する神社でしたが、今は芸事の神様とされ、舞妓や芸妓が芸の上達を願ってお参りする姿を見かけます。僕も同じ辰巳であり、役者の一人として手を合わせて上達をお願いしました。

面白いのは、ここの神社には辰巳大明神とともに、タヌキが祀られているという言い伝えがあることです。なんでも、巽橋のそばに住むタヌキが、夜な夜な道行く人を化かして、白川の瀬を歩かせるなどのいたずらをしていたため、そのタヌキを辰巳神社の祠《ほこら》に祀ったところ、いたずらが収まったといいます。しかし、辰巳神社は〝祇園のお稲荷さん〟とも呼ばれるそうです。タヌキを祀ってお稲荷さんというのも解せない話で、まさにキツネとタヌキの化かし合いですね。

「化かし合い」といえば、神社の前に建立された碑に彫られている字が、「辰巳神社」ではなく、「辰已神社」。一瞬、「間違いでは？」とわが目を疑いました。しかし、何度見直しても、「辰已」です。漢和大辞典で調べると、「已」の読みは「イ」で、「やめる」「すでに」「はなはだ」「のみ」の意味。それほどポピュラーな漢字ではなく、使い方としては「已《や》むを得ず」ぐらいしか思い浮かびません。

これに対して、自分の姓にも使われている「巳」は、音が「シ」、訓が「み」。十二支では辰に続く六番目にあたり、動物ではヘビ、方角では南南東を表します。辰巳とは、この十二支の辰と巳の間の南東の方角を示しており、「辰已」では意味が通じない気がしますが……。この二つに似た漢字に、「己」があります。「コ・キ」「おのれ・つちのと」と読み、「自己」「克己心」など日常でも馴染みのある字です。

「巳」「已」「己」はどうやら、明治のころまでは普通に混用されていたようです。それぞれ意味が違うのに紛らわしいことから、お互いによく似ていること、よく似ていて見分けがつきにくいことを意味する四字熟語に、三つの漢字を組み合わせた「已《い》己《こ》巳《み》己《き》」というのまであります。また、それらの漢字を書き誤らないように、「巳《み》は上に、己《おのれつちのと》己下につき、已《すで》に已《や》む已《のみ》中ほどにつく」（『漢字源（改訂第五版）』学研教育出版）

などの覚え方がネット上で紹介されています。漢字というのは踏み込めば踏み込むほど奥が深いですね。

白川には地名と川名とがある

白川は、比叡山近くの東山山中から流れ出て、北白川、吉田山の東、岡崎を経て、一時琵琶湖疏水と合流したあと、再び分流し、知恩院西側、祇園を横切って、鴨川へと注いでいます。白川とは、上流が花崗岩《かこうがん》山地のため、大量の石英《せきえい》砂で川底が白かったことによるそうです。

ところで、「白川（河）夜船」という言葉の「白川」は、京都の白川地域を指すのをご存じでしょうか。昔、ある男が京都へ行きもしないのに、「京都見物をしてきた」と周りの人間に自慢したのでした。それを聞いて、「ところで、白川はどうだった?」とたずねたところ、「いやあ、夜船で通ったから寝ていて覚えていない」と答えたものですから、ウソがばれてみなに失笑されたというオチです。

「白川」という地は、北白川や白川疏水、白川通など僕にも身近な地名ですが、室町時代までは北白川から岡崎一帯が「白河」と呼ばれ、名勝として名が通っていたのでしょう。ところがその男は、地名ではなく、てっきり川の名称だと勘違いし、「夜船で行った」と言い訳したのが間違いのもとでした。このことから、「実際に見ないのに、見たふりをすること」「熟睡して前後を知らないこと」（『広辞苑』）という意味で、「白川夜船」なる成句ができたのです。

お茶屋通りが桜並木に生まれ変わった

「かにかくに　祇園はこひし　寝るときも　枕のしたを　水のながるる」

巽橋から少し西の白川べりに、歌人・吉井勇《よしいいさむ》の歌碑が桜の木の下に設置されています。一九五五（昭和三十）年、吉井勇の古希を祝して、作家・谷崎潤一郎《たにざきじゅんいちろう》らによって建立されたものです。

枕の下を流れる水とは、いうまでもなく白川のことです。現在の石畳になっている白川南通には、終戦の前までお茶屋が立ち並んでおり、歌碑の場所に建っていたお茶屋が「大友《だいとも》」でした。「大友」の女将のお多佳《たか》さんは三味線の名人であるだけでなく、俳句や書画の心得があり、また小説が大好きで、文学芸妓として、夏目漱石《なつめそうせき》をはじめ谷崎潤一郎、吉井勇らとも交流がありました。吉井勇は祇園の思いを数々詠んでおり、この歌もその一つです。

「大友」は作家や歌人、画家たちに贔屓《ひいき》にされていたのですが、戦時疎開で白川南通のお茶屋が「大友」も含めて強制的に取り壊されてしまい、お多佳さんは失意のうちに終戦の年に亡くなりました。そのお多佳さんや吉井勇を偲《しの》び、毎年十一月八日には、祇園甲部の舞妓・芸妓らが歌碑の前に集い、「かにかくに祭」が催されます。

白川南通のお茶屋は姿を消しましたが、川沿いを中心に早咲きの枝垂れ桜から染井吉野までたくさんの桜の木が植えられており、三月下旬から四月上中旬にかけて花見を楽しめます。特に、ライトアップされる夜桜が必見です。京都には、円山公園、清水寺、木屋町通、嵐山など多数の夜桜の名所がある中で、どれか一つ挙げよといわれたら、僕は迷わずここを推します。木屋町通の桜並木のほうが規模が大きいのですが、華やぎでは巽橋界隈が上です。

川端通から縄手通までの十メートルもない距離に、染井吉野が道の両側から折り重なって咲き誇り、まるで桜のドームの下を歩く感じです。たえず花びらがはらはらと舞い落ちてきて、頭や肩に降りかかり、ロマンチックなことこのうえありません。

縄手通から東、巽橋のたもとの間は、川べりに枝垂れ桜が妍《けん》を競い、とりわけ艶やかなのが巽橋たもとの大きな枝垂れです。ちょうど円山公園の大枝垂れ桜が一本だけ際立っているように、かつてはここの桜だけがライトアップされていました。花見客もさほど多くなく、祇園でお酒を飲んだときのひそかな楽しみだったのですが、いつのころからか人がドッと押し寄せるようになりました。

ゆっくり花見を楽しみたいのなら、観光客が引き上げる時間帯まで、どこかで飲むか、マッサージでもして時間を潰すのがおすすめです。僕がここで花見をするのも、だいたい深夜。人影が少なく、心行くまで楽しめます。

切通し通は巽橋で終わりますが、その延長線上に新橋通を挟んでまっすぐ建屋の中を抜ける路地があります。巽橋まで来たついでにその路地に入り込むと、新門前通へ出られ、さらに古門前通まで細い道が続いていました。道筋にはステーキハウスや割烹などのほか、「フク和ウチ」という可愛い名前のカフェ・ギャラリーもあります。

また、白川の流れに逆らって、上流へ向かって歩いてみるのも一興です。知恩院の門の前にかかる幅六十六センチの石橋は、千日回峰行を終えた延暦寺の阿闍梨《あじゃり》が京都へ下りてきて最初に渡る行者橋《ぎょうじゃばし》として有名です。川沿いの道は三条通を越えて岡崎疏水まで続き、仁王門《におうもん》通へと抜けられますので、一度チャレンジを。

町あるきメモ

《その他の観光スポット》

◉知恩院

法然上人が一一七五（承安五）年、草庵を結んだことを起源とする浄土宗の総本山。徳川家の信仰も篤《あつ》く、家康・秀忠・家光らの保護を受け壮大な伽藍《がらん》が形成された。なかでも秀忠によって建立された三門《さんもん》は、一階の桁行二十六・六メートル、礎石から二階棟瓦頂部まで二十三・八メートルもあり、木造二重門としては国内最大級。僧侶十七人がかりで撞《つ》く除夜の鐘は大晦日の名物。

宮川町《みやがわちょう》（団栗～五条）

宮川町は、祇園町と同じく、ウロウロするのはいつも夜。昼間に団栗《どんぐり》通から宮川町通へと折れたら、「えっ、この道、こんなに広かったんかなあ」と驚きます。

宮川町が花街として認可されたのは、江戸中期の一七五一（宝暦元）年。舞妓・芸妓による「京おどり」が始まったのは、終戦から五年後の一九五〇年です。祇園甲部の「都をどり」、先斗町花街の「鴨川をどり」、上七軒花街の「北野をどり」といずれも旧かなの〝を〟を使っているのに対し、新かなの〝お〟を用いて〝おどり〟と表記しているのは、五花街のうち宮川町だけ。始まったのが戦後だからだという話です。

宮川町の紋章は、三つの輪が重なった「三つ輪」。寺社と町家と花街の三者が協力して芸妓育成機関の女紅場を府立の学校施設にしたことを表したものとも、宮川の「みや」の語呂合わせともいわれます。ちなみに、祇園花街の紋章は八個の「つなぎ団子」、先斗町は「千鳥」、上七軒は「五つ団子」の紋章です。紋章ひとつにもそれぞれ由来があり、興味がつきません。

工房で奈良時代からの胡粉盛上彩色に触れる

きれいに整備された石畳を団栗通から南へ歩むことにしましょう。道路の真ん中を継ぎ目にして石が左右で切り揃えられているため、見た目には細いセンターラインが入ったように見えます。施工上の理由によるものか、雨が流れやすいように意図的にしたのかはわかりません。

少し歩くと、西側に「伝統工芸　用の美　祇園宮川町　㐂多良《きたら》」と表示された灯籠が目に留まりました。格子窓には「胡粉盛上《ごふんもりあげ》彩色教室」のポスターが貼ってあります。名古屋に住む旧知の画家・岩﨑知子さんが確か胡粉盛上彩色の技法で日本画を描いているのを思い起こし、格子戸を開けて入ってみることにしました。

そこは胡粉盛上彩色絵師・美都木洋子さんの工房です。胡粉とは貝殻を焼いてつくった白い顔料のこと。それを膠《にかわ》と水で練り、筆で幾度も塗り重ねて厚みを持たせる立体画法が胡粉盛上彩色で、奈良時代から続く日本古来の伝統技法であるにもかかわらず、「東京の方はもちろん、京都でもご存じない方がほとんど」なのだそうです。

美都木さんが元お茶屋を借りて宮川町で工房を開かれたのは二年前。東京の百貨店でも作品展を開くなどして、胡粉盛上彩色の認知度を広めようと努力されています。教室で習うことはもちろん、胡粉盛上彩色の作品を買い求めることもできますので、興味のある方は訪ねてみてください。

路地の奥にオリジナル文具の店を発見

宮川町は夜間に、それも目的の店に向かってしか歩いたことがありません。点（店）から点（店）への移動であるのと、暗くて周りがよくわからないために、通りに面した建物と建物の間の細い路地《ろうじ》にはほとんど気づかずに通り過ぎてしまいます。ちなみに、京都の人は通りに面した家屋の間の路地を「ろじ」とはいわず、「ろうじ」「ろおじ」と発音します。「京都に帰ってきたなあ……」と実感させる不思議な響きです。

宮川町にも、細い「路地《ろうじ》」が西に、東に何筋も延びています。僕は本来、「路地《ろうじ》」を見つけると、そ

静かな風情漂う宮川町の通り

の奥に何があるのだろうと好奇心に駆られ、ついフラフラと入ってしまうほうです。路地《ろうじ》には、別の道に抜けられる〝抜け路地《ろうじ》〟もあれば、行き止まりの路地《ろうじ》もあり、行ってみないことにはわかりません。そういうどこへ行くかわからないワクワク感と、その奥においしい店、素敵な店を見つけたときのお得感が、路地《ろうじ》探検の魅力です。

路地《ろうじ》の多い宮川町を、夜に点から点へしか歩かなかったとは、もったいないことをしたと反省し、今回は一筋一筋覗きながら歩くことにしました。奥にフレンチの看板のかかった路地《ろうじ》もあり、期待感が高まります。

そして、数ある路地《ろうじ》の一本に、よほど注意をしていないと行きすぎてしまうような狭小の路地《ろうじ》を見つけました。その奥に「裏具《うらぐ》」という店があることが小さな看板で案内されています。人一人がやっと通れるほどの幅で、まるで迷路に踏み込んだ感じです。人家と人家の間を擦り抜け、どんつき（どんと突き当たったところを指す京都ことば）の鉤《かぎ》の手になったところに、「裏具」はありました。もともとお茶屋だった一軒家を改装したもので、こぢんまりとした店内には、オリジナルデザインのハガキ、便箋《びんせん》、一筆箋、ぽち袋などの紙製品が販売されています。

店の方に店名の由来を伺うと、うきうきした気持ちになるという意味の動詞「うらぐ」からつけたのだとか。漢字で書くと「嬉ぐ」。確かに、和のテイストの紙商品はどれもおしゃれで、うきうきさせてくれそうに思えました。

店を出て、元の道ではなく、左手の長い暖簾の下った民家の通路を抜けると、普通の道に出られました。これも一種の〝抜け路地《ろうじ》〟なのでしょう。イタリアのベニスへ行くと、街中が迷路のように入り組んでいて、途中で迷子になりかけたり、予定していたのと全く異なる景色の場所に出たりする面白さがあります。京都の街中でも、路《ろう》地《じ》を迷路ふうに活かした街づくりをしてはどうかと思いました。ところどころに、「裏具」のような雑貨店があったり、アーティストの工房があったり、カフェがあると、街を歩く魅力が倍増するのではないでしょうか。

酒好きとしては、スペインの北部、バスク地方のサン・セバスティアンみたいに、立ち飲み屋でピンチョをつまみながら一杯飲み、「じゃあ、次行こうか」とハシゴできるバル文化ができたらなおうれしいですね。

僕の馴染みの店「宮川町　さか」は、「裏具」より二本ほど南の路地を東に行ったところにあります。旬の素材をイタリアンふうに、あるいはフレンチふうに調理して、アラカルトで食べさせてくれる名店。以前は、富永町《とみながちょう》で「Ｂｉｓｔｒｏ　さか」の名で営業しており、大将の料理と人柄に惹かれて頻繁に通ったものです。二〇〇八年、元お茶屋に移り、グレードアップされました。

京都ゑびす神社にお参りする

「裏具」の抜け路地《ろうじ》から左折して新道通に出ると、そこは「京都ゑびす神社」（恵美須神社）の裏門です。由来によれば、鎌倉時代の禅僧・栄西が建仁寺を建立した際、その鎮守として山内に祀ったのが始まりとされています。栄西が中国の宋から帰国の途中に嵐で遭難しかけたときに、波間に恵比寿神が現れ、それを船中に祀ったところたちまち嵐が止んで無事に帰国できた。それが創建のいわれで、応仁の乱後、現在地へ移されたとされます。

恵比寿神は、右手に釣竿、左手に鯛を抱え、「えびす顔」の語源にもなった穏やかな笑みをたたえた七福神の一人です。しかも、七人の中で唯一の日本の神様という商売繁盛の神様で、関西では「えべっさん」と、まるで近所の知り合いのように親しみを込めて呼びます。その「えべっさん」のお祭りといえば、十日えびす。「商売繁盛で笹持って来い♪」というお囃子《はやし》に誘われて、参拝者がその年の福を求めてどっと繰り出し、大変な賑わいになります。ここ京都のゑびす神社も、毎年一月十日の本ゑびすや、前日の宵ゑびすの日には、大和大路《やまとおおじ》通の両側に屋台がぎっしり並び、参拝者で身動きできないほどです。

耳の遠いえびす様のために板壁を叩く

参拝者はだいたい、前年に購入した福笹などを返納したあと、その年の福笹を新たに買い求め、福笹には、福娘によって縁起物の吉兆飾りをつけてもらうのが通例となっています。飾りには、鯛、宝船、千両箱、俵、蔵、絵馬など何種類もの縁起物が用意されており、最初は少ない数から出発し、商売が大きくなるにつれて毎年その数を増やしていくのが習わしとのことです。数が多くなれば、かなりの金額になります。福笹がたわむほど飾りをつけ、誇らしげに歩く人は、それだけ商売が繁盛している証拠なのでしょう。

ちなみに、京都のゑびす神社より盛大なのが、大阪の今宮えびす（今宮戎《えびす》神社）と兵庫の西宮えびす（西宮神社）。福娘選びと宝恵駕《ほえかご》行列で話題になるのが「今宮えびす」で、開門して本殿までのダッシュでその年の福男を選ぶのが「西宮えびす」です。

訪れたのは夏の暑い盛りで、ゑびす神社の境内にはお参りする人がちらほらいるだけです。ふと見ると、一人の参拝者が本殿南横の板壁を叩いています。えべっさんは少々耳が遠いため、こちらに注意を向けてもらうために板を叩き、「えべっさん、頼んまっせ」などと呼びかけるのだそうです。いったいどれだけの数の人が叩いてきたのか、板の表面が丸く磨り減っていました。

町あるきメモ

《その他の観光スポット》

●寿延寺《じゅえんじ》

一六一六（元和二）年創建の日蓮宗の寺。かつては十禅師の森があり、平安時代に源義経（牛若丸）と武蔵坊弁慶が主従の契りを結んだ場所として知られている。本堂奥には伝教大師作と伝えられる油涌《あぶらわき》大黒天を祀り、門前から南へ続く大黒町通の名の由来となった。参道にある通称「洗い地蔵」は、自分の体の悪い部分と同じ部分を洗えば平癒すると信じられる。

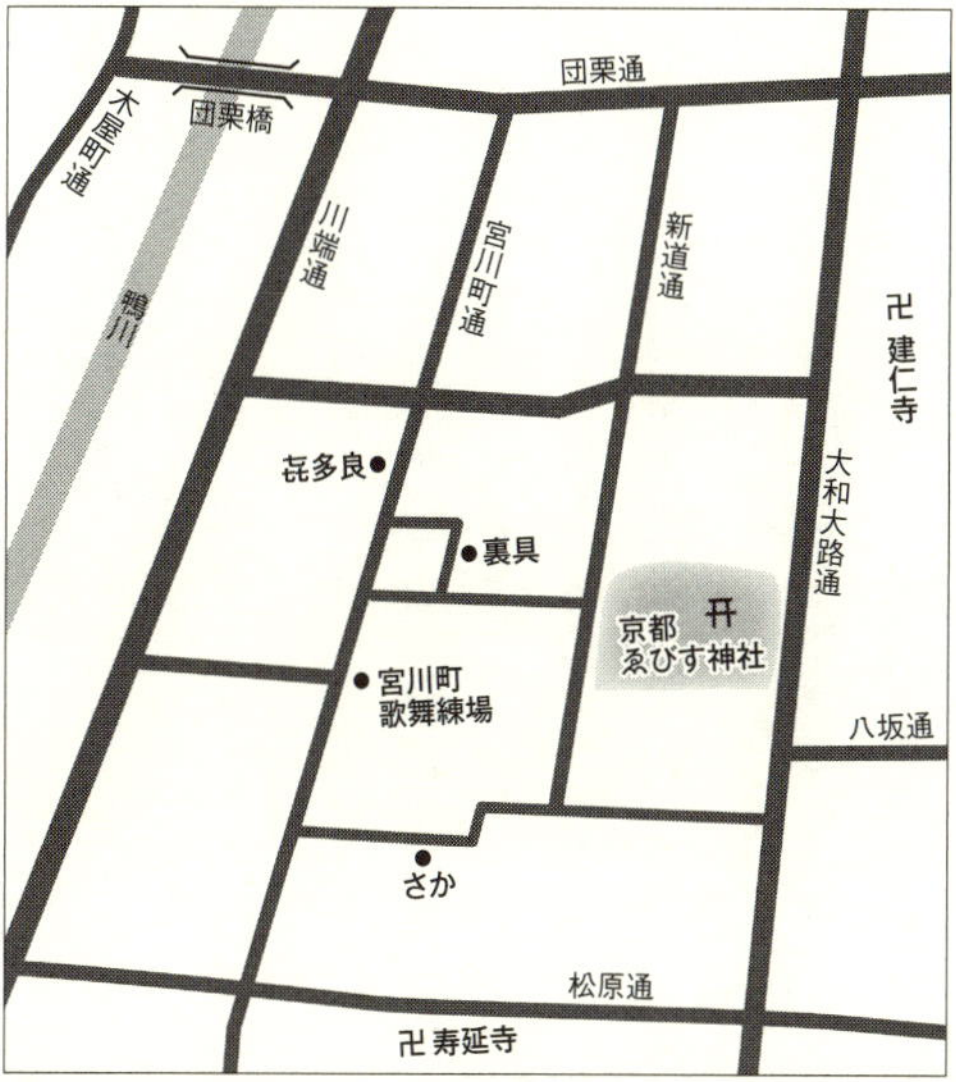

◉団栗橋

四条大橋から南へ約二百メートル下がった、鴨川に架かる橋。かつて、橋のたもとに大きなどんぐりの木があったことが名の由来とされる。一七八八（天明八）年、京都御所、二条城を含む市街の八割が灰塵《かいじん》に帰したと伝わる天明の大火は、火元が団栗の辻子《ずし》だったことから通称「団栗焼け」ともいわれる。

島原《しまばら》花屋《はなや》町《ちょう》通

（壬生通〜千本通）

島原は日本最初の公許の花街で、官命により、一六四一（寛永十八）年、徳川家光の時代に六条三筋町から現在地に移されました。正式名は「西新屋敷」といい、上之町《かみのちょう》、中之町《なかのちょう》、中堂寺町《ちゅうどうじちょう》、太夫町《たゆうちょう》、下之町《しものちょう》、揚屋町《あげやちょう》の六つの町で構成され、東西百九十四・九メートル、南北二百四十二・一メートル、面積は約四万七千二百平方メートルです。四周を堀と塀で囲まれ、東の大門も、現存のものよりはもっと北寄りに設けられていました。

「島原」と呼ばれるようなったいわれは、前の地の六条三筋町からの移転騒ぎが、「あたかも（直前の）島原の乱のごとし」と流布したためとも、あるいは、周りが田畑や原っぱだらけであったために島にたとえて呼ばれたとも、諸説があります。また、昔は島原を「嶋原」「嶌原」とも書いていたようで、大門の提灯の表示は「嶌原」です。これは、長崎の島原と混同しないためだと聞きました。

花街と遊郭は同じではない

混同と言えば、島原のような花街と吉原などの遊郭をごっちゃにしている人がけっこうたくさんいます。新選組の隊士らが島原でよく遊んだのも、みな、女性を求めてやってきたと思っている人が意外と多いのです。しかし花街と色里である遊郭とは全く別の世界で、したがって、そこで働く島原の太夫と吉原の花魁《おいらん》も全く違う職業だということを、島原の関係者は口を酸っぱくしていわれます。僕も、島原に来てそのことを教わりました。

花街とは、踊りや三味線、囃子など歌舞音曲でお客をもてなす遊宴の街です。その証拠に、花街には明治以降、芸妓らが芸を磨く歌舞練場（元女紅場）が必ず設置されました。祇園町（祇園甲部・祇園東）、宮川町、先斗町、上七軒の五花街に歌舞練場があるのはそれゆえで、もちろん、島原にもかつては存在していました。

芸妓の中で最高位が「太夫」です。歌舞音曲は当然のこと、茶道、華道、香道、書道、俳諧《はいかい》など高いレベルの芸と教養を持ち合わせ、宮中にも出入りできる正五位という高い位にあったといいます。特に島原は和歌や俳諧などの文芸が盛んだった花街で、江戸中期には島原俳壇が形成され、与謝蕪村《よさぶそん》らによって文化サロンの場となるほどの活況を呈したほどでした。

もう一つ、花街の特徴は、置屋《おきや》と揚屋（お茶屋）が別になっていたことです。置屋とは太夫・芸妓らが所属する、一種のプロダクションの事務所みたいなもので、太夫・芸妓らはふだん置屋で出番を待ちます。置屋では、吉原のようにお客を上げて女性と遊ばせることはしません。お客が島原へ遊びに来て上がるところは、揚屋（またはお茶屋）です。お客が揚屋で「○○置屋の××太夫を呼んでくれ」と頼むと、揚屋が置屋へそのむねを伝え、太夫が派遣されるわけです。これを「送り込み制」といい、お客は揚屋で飲み食いしながら、太夫や芸妓らが来るのを待ちます。

幕末には、佐幕派や討幕派が島原で会合を重ね、新選組をはじめ、長州の桂小五郎《かつらこごろう》や久坂玄瑞《くさかげんずい》、薩摩の西郷隆盛《さいごうたかもり》らが出入りしていたことはよく知られています。明治維新後も、京都の六花街の一つに数えられていたものの、祇園町などにお客を取られて次第に寂れていき、一九七七（昭和五十二）年にはお茶屋組合の解散に追い込まれました。多くの置屋や揚屋が転廃業し、建物も取り壊されて、現在は、大門、輪違屋《わちがいや》（置屋）、角屋《すみや》（揚屋）がその面影をとどめているだけです。

新選組や志士らも通っただろう大門をくぐる

花屋町通を壬生川《みぶがわ》通から西へ入り、道なりに曲がると、島原のシンボルとも言える「大門」がすぐ目の前に現れます。開設当初の大門は東北角の位置にあり、現在地に付け替えられたのは、一七六六（明和三）年です。ところが、一八五四（嘉永七）年の大火で島原の東半分とともにこの大門も焼失し、明治維新の前年の一八六七（慶応三）年に高麗門《こうらいもん》に建て替えられました。それが現存する大門です。一九八六（昭和六十一）年には、京都市登録有形文化財として登録されました。

二層の瓦屋根の構造で、見上げるほどの高さのがっしりとした立派な門です。まだ戊辰戦争が始まる一年近く前の建築ですから、近藤勇《こんどういさみ》、土方歳三《ひじかたとしぞう》ら新選組の隊士や、桂小五郎、西郷隆盛らの志士も、この門をくぐった可能性があります。そして、角屋などの揚屋へと急ぎ足で通りすぎていったのでしょう。その門前には「出口の柳」が植えられ、「さらば垣」がめぐらされていました。

さらば垣とは「然らば垣」と書き、芸妓が客を送ってきて別れをするところからついたものです。「出口の柳」というタイトルの地唄の中で、島原の柳が唄われており、花街の門前には昔からあったことがうかがえます。また、垣内には消火のための用水と手桶も置かれており、当時の趣が再現されていました。

「嶋原のでぐちのやなぎをみて」

なつかしき　やなぎのまゆの　春風に　なびくほかげや　さとの夕ぐれ　蓮月尼

門前の石碑には、島原の説明とともに、幕末から明治にかけての尼僧で女流歌人の大田垣蓮月《おおたがきれんげつ》の歌が添えられています。島原内にはこのほかにも、歌舞練場跡記念碑、島原住吉神社と境内社の幸天満宮、そのご神木で樹齢三百年、樹高二十メートルの大《おお》銀杏《いちょう》、島原西門跡、東鴻臚館《こうろかん》跡の六カ所に案内を兼ねた文芸碑が設置されており、歌とともに島原の遺構を巡ることができます。

輪違屋では太夫と出会える

大門から石畳の道を進み、一筋目を右に入った中之町に現存するのが、元置屋だった輪違屋です。

輪違屋は一六八八（元禄元）年、将軍徳川綱吉が生類憐みの令を出した翌年の創業で、現存する中では日本でいちばん古い置屋です。置屋とは先述したとおり、抱えている太夫らを揚屋（お茶屋）へ送り込むのを商売としていました。

太夫は、十万石の大名に匹敵する正五位の官位を持つ格式の高い女性。新選組の近藤勇が呼ぼうが、長州の桂小五郎が声かけようが、あたふたと駆けつけるなどというみっともない真似はしません。禿《かむろ》（女の子）を従え、男衆が差し出す大傘の下をしずしずとお客のいる揚屋へと出かけていく。太夫道中です。

現在の輪違屋はお茶屋も兼業され、島原で営業を続けている唯一の店です。太夫も何人か置いていて、踊りなどを披露してもらえますが、太夫道中は同じ建物内ですから行われず、島原で見ることは滅多にありません。ただ、毎年十一月の第二日曜日に清凉寺《せいりょうじ》で行われる夕霧祭《ゆうぎりさい》などのいくつかの行事で、島原の太夫道中が再現されます。それに合わせて出かけていくと、かつての太夫道中の一端をうかがい知ることができます。

当主の字が入った輪違屋の
屋根瓦にも注目

輪違屋は、夜しか営業をやっていないため、昼間は建物の外観を眺めるほかありません。開業時の建物は焼失し、現在のは一八五七（安政四）年に再建されたものです。千本格子に駒寄《こまよ》せの造り、外灯には輪を二つ重ねた輪違屋の紋が、屋根瓦には、輪違屋の当主の髙橋家の「髙」の字の文様が施されています。門柱には格式の高さを示す「観覧謝絶」、つまり、一見さんお断りの札がかかっているなど、置屋建築がどういうものだったかを知るうえで、貴重な史跡といえるでしょう。一九八四（昭和五十九）年に、京都市によって指定文化財となりました。

一階がカウンター席のバーになっており、二階に傘の間、紅葉の間などの宴会場があります。傘の間には襖に太夫道中の傘が貼り込んであり、紅葉の間には壁に紅葉の実物で型どりし、その上から彩色されているという立派な座敷で、傘の間には桂小五郎書の掛け軸が、一階書院には近藤勇書の屏風が保存されています。いずれも、太夫が揚屋で書いてもらい、持ち帰ったもので、食事などの機会があれば、拝見することも可能です。

角屋に島原の揚屋の姿を垣間見る

置屋から太夫や芸妓を呼んで遊ぶ場所が揚屋です。置屋から揚屋へ行くことは「揚屋入り」と呼ばれていました。その揚屋の一軒として現存しているのが、輪違屋から歩いて三分ほどのところにある角屋です。輪違屋よりもさらに大きな二階建ての和風建築で、木造りの千本格子と駒寄せが往時の盛況を物語っています。日本で唯一現存する揚屋建築の遺構とされ、一九九八年より「角屋もてなしの文化美術館」として一般公開されていますので、ぜひ入ってください。館長を務める十五代当主・中川清生《なかがわきよお》さんが自らガイドをされています。

揚屋とは今でいう料亭みたいなもので、まず注目していただきたいのは台所が広くて立派なこと。庭に面して大きな座敷がいくつもあるため、毎日の宴会に出す料理やお酒を用意するには、多人数が働けるだけの広さが必要だったのでしょう。料理を用意したり、燗《かん》をつけたり、引いてきたものの洗い物をしたりと、喧騒《けんそう》の中で忙しく立ち働いていた様子が目に浮かぶようです。

江戸期に島原俳壇が形成され、一種の文化サロンでもあった角屋には、与謝蕪村や円山応挙《まるやまおうきょ》などの書や絵、江戸中期から明治にかけての染織、漆工芸品、陶磁器、金工・ガラス工芸品など約一万一千点が所蔵されており、島原文芸資料室には、蕪村筆の「紅白梅図」（重文）などその一部が展示されています。それらを見ると、島原がいかに格式の高い花街であったかが一目瞭然《りょうぜん》です。本庭を囲むように座敷がつくられており、網代《あじろ》の天井が見事な二十八畳の「網代の間」をはじめ、建具に緞子《どんす》を貼った「緞子の間」、襖絵に翠簾《みす》（御簾）を描いた「翠簾の間」、天井に五十枚余りの扇面《せんめん》を貼った「扇の間」、建具や壁などに青貝を埋め込んだ「青貝の間」など、個性的な文様の座敷が用意されており、お客をもてなそうとする角屋の心意気が表れています。また、新選組初代局長の芹沢鴨《せりざわかも》が暗殺された晩に宴会した「松の間」もありました。当時の島原の様子や芹沢鴨との関係は、浅田次郎《あさだじろう》さんの小説『輪違屋糸里』にも描かれています。

島原では新選組ら佐幕派と長州藩士ら尊王攘夷派の武士が集まって会合や宴会を開いていたにもかかわらず、一度として乱闘事件は起きなかったとのことです。ただ、新選組の隊士が酔っ払って刀を振りまわしてつけた刀傷が玄関口の柱にありました。中川館長のガイドは驚くほど詳しく、島原に来たときは、はずせない行き先です。

新選組が駆け抜けたあとをたどる

島原の大門を出てそのまま道なりに東に行くと、大宮通の東には西本願寺の敷地が広がります。池田屋事件や禁門の変の功績で名を上げ、二百人を超える集団になった新選組は、一八六五（元治二）年、壬生寺周辺を引き上げて、島原に近い西本願寺の太鼓楼と北集会所《きたしゅうえしょ》に拠点を移し、新選組本陣の看板を掲げました。西本願寺への移転は幕府の命令で、寺としても受け入れざるをえなかったのでしょう。一説には、織田信長の石山本願寺攻めのときに兵糧などを援助してもらった縁で、長州藩と親密な関係にある西本願寺を牽制《けんせい》する目的で、新選組を送り込んだともいわれます。最近発見された寺の資料では、土方ら新選組は来て早々に寺に五百両の借金を申し入れたり、宿舎が狭くて暑苦しいので、何とかしてほしいと直談判《じかだんぱん》し、西本願寺が対応に苦慮していたことがわかりました。また、境内で大砲の音をとどろかせたり、実弾射撃を行って、信者を震撼《しんかん》させたといいます。

花屋町通を西本願寺の塀に沿って東へ進むと、塀が途切れて堀川通という広い道に出ます。この角に重層楼閣建築の太鼓楼は現存し、時刻などを告げる大太鼓も二つ残っていますが、北集会所は姫路の本徳寺の本堂に移築されました。この元北集会所には、新選組がつけた刀傷が残っているそうです。

新選組は幕府直参になって五日目の一八六七（慶応三）年六月、西本願寺にお金を出させて近くの不動堂《ふどんど》村に大名屋敷並みの屯所《とんしょ》を建て、そちらへ移転しました。現在のリーガロイヤルホテル京都の堀川沿いに、不動堂村屯所跡の碑があります。新選組がこの屯所にいたのは六カ月ほどで、戊辰戦争の初戦である鳥羽伏見の戦いにそなえて伏見奉行所へ再び転居しました。

この慌ただしい動きの中で、新選組の近藤勇らは、十一月十八日、分派した伊東甲《いとうか》子太郎《したろう》一派を惨殺する「油小路の変」を起こしています。その惨劇の場となったのが「七条油小路辻」です。油小路通は堀川通の一筋東の道、七条通は西本願寺の一筋南。不動堂村屯所からも近く、新選組隊士の健脚をもってすれば、現場まで五分もかからなかったのではないでしょうか。伊東甲子太郎が倒れて亡くなった本光寺の前に「伊東甲子太郎外数名殉難の地」の碑が建っています。油小路通正面北には、旅籠天満屋《はたごてんまや》で新選組に切り殺された海援隊の中井庄五郎の殉難の地を示す石碑がお地蔵さんの祠のかたわらにありました。

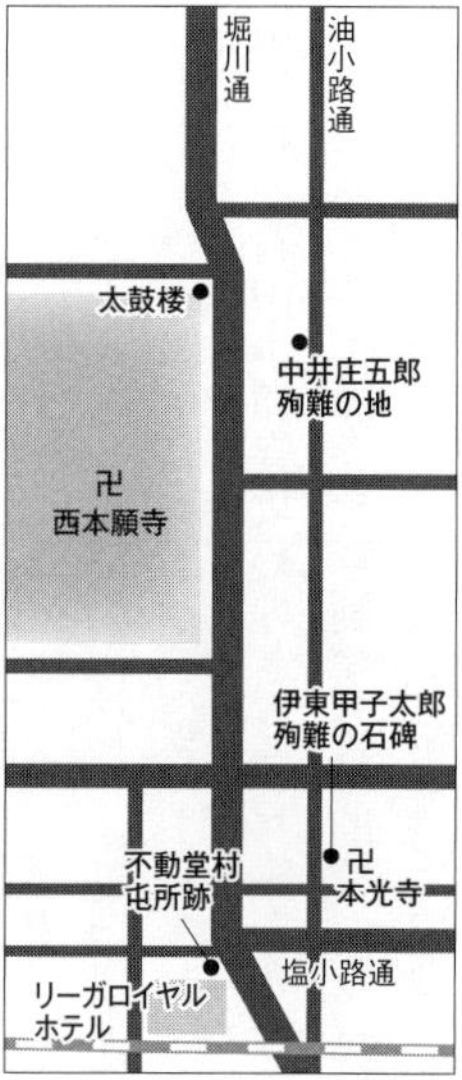

江戸から出てきて、鳥羽伏見の

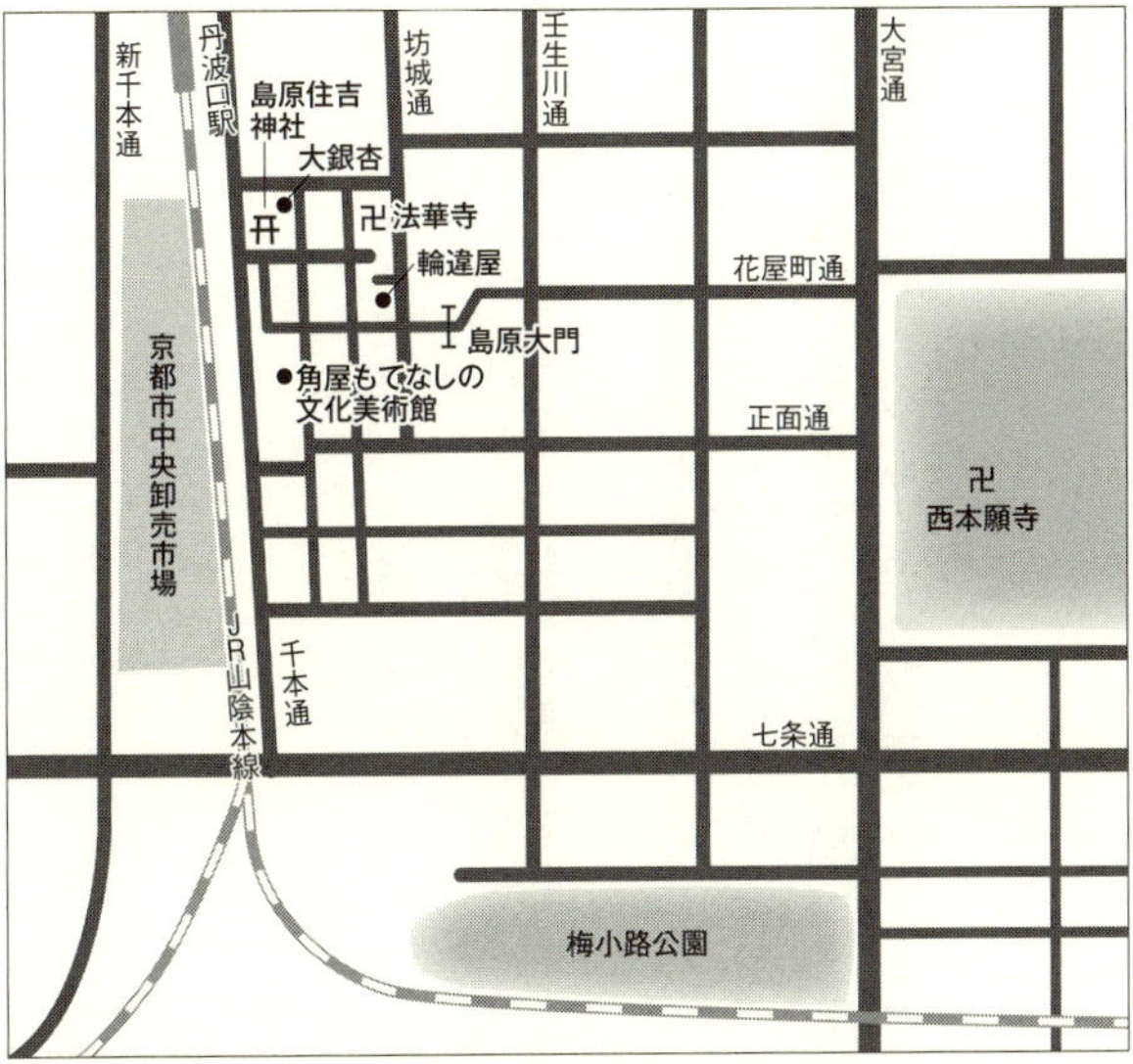

戦いで京都を追われるまでの約五年間、激動の幕末を嵐のごとく駆け抜けていった新選組の一ページが、島原を中心に点在しており、新選組ファンにはたまらないところでしょう。

町あるきメモ

《その他の観光スポット》

●島原住吉神社

もともと島原中堂寺町の住吉屋太兵衛の住居に祀られていた住吉大明神が、霊験あらたかで良縁のご利益があるとして参拝者が増えたため、島原の西北に移して社を建立したのが始まりとされる。明治の廃仏毀釈によって廃社となり、歌舞練場内で祀られていたが、一九〇三（明治三十六）年に船井郡の稲荷神社の社を譲り受け、現在地に祀られる。

◉法華寺《ほっけじ》

東寺の境内にあった法華堂を前身とし、八一三年または八二三年に建立された日蓮宗の寺。京都では数少ない日蓮上人ゆかりの寺で、日蓮が手掘りしたと伝わる井戸が残されている。妙見堂の妙見大菩薩は、洛陽十二支妙見めぐりの一つ。

◉京都市中央卸売市場第一市場

一九二三（大正十二）年、中央卸売市場法の公布を受け、一九二七（昭和二）年、全国に先駆け日本で最初の中央市場として開設された。近年は、京の食文化について学べる「京の食文化ミュージアム・あじわい館」や、市場直送の新鮮な魚を使った回転寿司店「京・朱雀すし市場」などをオープンさせ、開かれた市場を目指す。

第三章

街中を歩く

室町通（御池～四条）

室町通を御池通から南へ向かうことにしましょう。このあたりは烏丸御池上ルにあった最初の「劇団そとばこまち」のアトリエのすぐそば。学生時代は毎日通っていたのに、やはり「灯台下暗し」で、ゆっくり歩いたことはありません。当時は着物関係の繊維問屋街。まだバブルが始まる前で、老舗の大店《おおだな》も多く、店の人やお客、車などがたえず出入りする賑やかな通りだったようです。

しかしながら、日本人の和装離れで着物業界がビジネスとして成り立たなくなったゆえか、和装関係の会社の建物は激減し、マンションばかり。知り合いの京都人は、「繊維問屋街ではなく、マンション街や」と嘆いていました。

室町通は、古くは平安京の一条大路から九条大路まで南北に貫く室町小路にあたり、通り名の由来としては室があったためとか、室町川が流れていたからともいわれますが、定かではありません。一時寂れていたらしいですが、一三七八（永和四）年、室町幕府三代将軍・足利義満が北は上立売《かみだちうり》通、南は今出川通、東は烏丸通、西は室町通に囲まれた広大な邸宅「室町第（殿）」を造営。その庭には鴨川から水を引き、四季の花木が植えられていて、別名「花の御所」と呼ばれました。

室町通は再び脚光を浴び、足利幕府を室町幕府、その統治時代を室町時代と呼称するのも、ここからついたものです。奈良時代、鎌倉時代、江戸時代などと、時代の名称は時の支配者が政治の中心を置いた都市からとられているのが大半である中で、イレギュラーなケースといえます。京都はもともと都であり、政治の中心でしたから、今さら京都時代とつけるわけにいかなかったからでしょうか。「花の御所」を偲《しの》ぶものは何も残っておらず、今出川通と室町通の交差点北に立つ石碑が、わずかにその存在を示すのみです。

京都の中心街となった室町通は、江戸時代になると高級織物の問屋街として成長。富裕な大商人が集まりました。それを物語るように、近辺には、三井財閥の創業者・三井高利《みついたかとし》が開いた三井両替店の屋敷跡や、茶屋四郎次郎《ちゃやしろうじろう》屋敷跡を示す駒札《こまふだ》が立っています。

大恩ある「永楽屋 細辻伊兵衛商店」に立ち寄る

すっかり様変わりした室町通ですが、町家造りも何軒か残っています。そのうちの一軒が、室町通姉小路南東角の「RAAK《ラーク》」という町家の美しさを生かしたお店。もう少し南へ行った「永楽屋《えいらくや》 細辻伊兵衛《ほそつじいへえ》商店」（僕は、単に「永楽屋さん」と呼んでいた）からできたブランドで、新感覚の手ぬぐいおよび和装小物ブランドとして展開されています。思わず中に入ってみると、若い女性が好みそうな手ぬぐいから派生した楽しそうな小物が陳列されていました。ここを本店に、祇園切通し店、宇治平等院店など計四店舗あるとのことです。

細辻伊兵衛商店本店の二階には、手ぬぐいの製造工程や昭和初期の貴重な手ぬぐいなどを展示した「町家手拭ギャラリー」があり、営業時間内なら無料で観賞できます。

永楽屋さんは織田信長の御用商人として絹織物商を営んだのが始まりで、手ぬぐいなど綿布を扱う「永楽屋」としての創業は、大坂夏の陣で豊臣家が滅んだ一六一五（元和元）年。綿布商になってからでも、ざっと四百年になる老舗です。手ぬぐいといえば、風呂場で使うイメージが強いですが、たかが手ぬぐい、されど手ぬぐいで、絵柄などの多様さに驚かされました。

実は永楽屋さんとは古いつきあいで、大きなご恩があります。

一九八五年のことです。大学を卒業し、芸名「つみつくろう」から本名の辰巳琢郎に戻して、俳優として全国区にデビューした約一年後。東京中心の生活を送りながら「劇団そとばこまち」の座長を続けていた僕には、大きな仕事が残されていました。アトリエ移転問題の解決です。四年間お世話になった烏丸御池上ルの都ビルが取り壊されることになるという一大危機。京都に戻り、不動産屋巡りの陣頭指揮をとって見つけたのが、当時烏丸松原下ルにあった永楽屋ビルの五階の倉庫でした。永楽屋さんの先々代で十二代当主の細辻和夫社長が京大の先輩だったこともあり、トントン拍子に話が進みました。小部屋も入れると六十七坪ぐらいはあったでしょうか。前に借りていた烏丸御池の稽古場に比べたら、約一倍の広さです。

永楽屋 細辻伊兵衛商店では、
今の時代に合った手ぬぐいが並ぶ

賃料もかなり安くしてもらうなど、先々代にはパトロンのようにずいぶん応援してもらいました。永楽屋さんには約五年間お世話になり、ビルの売却とともに退出。「劇団そとばこまち」の京都時代の終焉《しゅうえん》です。このころの座長は生瀬勝久（当時の芸名は槍魔栗《やりまくり》三助）。僕はほとんど劇団を離れ、大阪移転には全くタッチしていません。少々手前味噌になりますが、学生中心の劇団が百人キャパの劇場を四年間、二百人キャパの劇場を五年間も維持していたという事実は、演劇史に深く刻み込まれるべきことじゃないかと思います。

いずれの痕跡も今は残っていません。演劇というのは、いわば消えていく芸術。人々の心の中にだけ生き続けるからこそ尊いのだと信じています。

心残りが一つ。劇団が京都を離れた二年後、細辻社長が急逝されたのです。ずいぶんあとから聞いたもので、きちんとお別れもできませんでした。この場をお借りして、心からご冥福をお祈りしたいと思います。

現在は細辻和夫社長のお嬢さんのご主人が十四代として大活躍。なかなかのやり手で、明治から昭和初期にかけて同社が扱っていた手拭いの柄の復刻や、アーティストや京都の老舗とのコラボレーション、さらに多ブランド化をはかるなど素晴らしい経営手腕を発揮されています。「永楽屋　細辻伊兵衛商店」を室町通の本店を含めて四条店、祇園店など六店舗、「ＲＡＡＫ」を四店舗、さらに帆布鞄専門店「伊兵衛Ihee」、風呂敷専門店「伊兵衛ＥＮＶＥＲＡＡＫ」四条店、紅茶専門店「ほそつじいへえTEA HOUSE」等多店舗化をはかるなど、室町では最も元気な会社といってよいでしょう。

六角通を越えたところに、風呂敷・袱紗《ふくさ》製造の宮井と風呂敷専門店・唐草屋がありました。一九〇一（明治三十四）年一月一日創業。色、柄、サイズなどセンスのよい風呂敷・袱紗を展示・販売されているだけでなく、風呂敷や袱紗の包み方、風呂敷の知識などについても教えてもらえます。風呂敷一枚あれば、着物から書類、本、ビン類まで包めます。日本人が考え出した素晴らしい発明だと信じ、旅をするときには必ず鞄に入れていますが、もっと活用しなければと反省しました。

唐草屋からさらに南へ。蛸薬師《たこやくし》通へ出る手前右側にあるのが、佃煮と和菓子の「永楽屋」です。ここは、河原町四条を上がったところに本店があり、こちらは室町店です。佃煮の「一《ひ》と口椎茸《しいたけ》」は手土産などにもよく使われる人気商品で、お茶漬けなどによく合います。

山鉾通りが寂しくなったわけは？

　唐草屋と永楽屋とのほぼ中間に、「登龍門　鯉山」という看板の路地《ろうじ》が東側にありました。路地《ろうじ》があれば、まず入ってみるのが道草の基本。門には「公益財団法人　鯉山保存会」と「鯉山町席」の表札がかかっており、ますます興味を惹かれました。路地の中ほどには金網を張った籠の中に祠があり、その奥が集会所になっています。祠には素戔鳴尊《すさのおのみこと》が祀られており、祇園祭宵山には長蛇の列をなすほどの見物客が訪れるとの話です（宵山期間中以外は原則非公開）。

　鯉山とはこの町内における祇園祭の山で、左甚五郎《ひだりじんごろう》作と伝えられる彫像の鯉のご神体など鯉山関係の道具一式を、保存会がここに保管されています。室町通を歩いていて気づくのは、通りの一ブロックごとに山鉾の保存会と会所があることです。祇園祭シーズンの室町通には、北から挙げると、姉小路通と三条通の間に役行者山《えんのぎょうじゃやま》、六角通との間に黒主山《くろぬしやま》、蛸薬師《たこやくし》通との間に先ほどの鯉山、錦小路通との間に山伏山《やまぶしやま》、四条通との間に菊水鉾《きくすいほこ》、綾小路《あやのこうじ》通との間に鶏鉾《にわとりほこ》、仏光寺《ぶっこうじ》通との間に白楽天山《はくらくてんやま》と、まさに一町単位で山と鉾が立ちます。宵山《よいやま》に山と鉾の駒形提灯《こまがたちょうちん》が幾層にも重なり合う光景は、実に幻想的ですが、その山鉾を各町の人たちが今も守りつづけているのです。

ところで、二〇一四年より、祇園祭が前祭《さきまつり》と後祭に分かれました。前祭は例年通り七月十七日に山鉾巡行が行われ、宵々山、宵山も大勢の人出で賑わうのですが、室町通でいえば、細辻伊兵衛商店の町内の役行者山と黒主山、鯉山は後祭組であり、前祭には立ちません。当然、巡行もなしです。姉小路通から蛸薬師通までの三基の山がないだけで、御池～六角間の室町通がずいぶんひっそりしました。

後祭の巡行は二十四日です。宵山はあるものの、露店が出ないのでいまひとつ盛り上がりに欠けるのは否めません。しかし、もともと一九六六（昭和四十一）年に十七日の巡行に統一されるまでは、前と後に分かれていたそうです。八坂神社から神輿《みこし》が繰り出す神幸祭のための巡行が前祭で、神輿が八坂神社へ戻る還幸祭のための巡行が後祭。ですから、本来の姿に戻ったともいえるのですが……。

京都芸術センターで少子高齢化を実感する

さらに南へ進むと、ビル群の間にぽっかりと、そこだけが時間がとまったかのようなレトロな建物が出現しました。「京都芸術センター」とあります。もともとは京都出身の石田梅岩《いしだばいがん》が起こした心学の教化活動の拠点となった明倫舎《めいりんしゃ》があった場所。それが維新後の一八六九（明治二）年、下京三番組小学校が創設され、その校舎に転用されたそうです。京都では幕末の戦乱で荒廃した町を教育で復興しようと、町衆が資金を集めて、住民自治組織の各番組（町組）単位で創設した小学校を番組小学校といいます。日本で初の学区制小学校で、上京と下京にそれぞれ三十二校、計六十四校あり、下京三番組小学校もその一校。のちに明倫舎から取って明倫小学校となりましたが、一九九三（平成五）年、近隣の小学校との統合に伴って閉校され、若い芸術家を支援する京都芸術センターとして生まれ変わりました。

昭和六年改築時の校舎のままで、校門からの通路右手の植え込みには薪を背負いながら本を読む二宮尊徳の像まであります。一階には地元のコーヒーショップが入り、その奥に図書館、ギャラリー、制作室などがありますが、すべて教室や職員室を利用。その上品な美しい建物を眺め、よくぞ壊さずに残してくれたと心からのエールを送りたいと思います。

元校庭では、ご年配の夫婦らしきカップルが、テニスのダブルスを楽しんでおられる姿が見られました。小学校が京都芸術センターに変わり、その校庭ではシニア世代がテニスに興じている。少子高齢化が進行する今の日本を象徴するような光景です。

室町通もそうですが、学生時代に市内各所を歩いたわけでも、チャリンコで走ったわけでもないのに、どこへ行っても既視感があります。京都の道は碁盤の目になっているので、ジグザグにどのルートを通っても距離は同じ。知らず知らずにいろんな道をチャリンコで走っていたのだと思います。

今見てもモダンな元明倫小学校のデザインは
町衆の心意気を感じさせる

室町通を離れ、東西の通りにも足を踏み入れてください。六角通では、東へ行くと烏丸通との交差点角に、京都のへそといわれる六角堂が建っており、華道の池坊の発祥の地です。反対の西へ歩けば、安土桃山時代の茶人・廣野《ひろの》了頓《りょうとん》邸があったことを記した碑が北側にあり、その屋敷の通り道が「了頓辻《ず》子《し》」（衣棚《ころものたな》通）として、三条通まで通じています。

一本南の蛸薬師通の西には、「此付近　南蛮寺跡」という石碑を、和装問屋のビルの片隅で見つけました。「織田信長の時代に、耶蘇会《やそかい》（イエズス会）によって建てられ、京都におけるキリストと南蛮文化の中心となった『南蛮寺』は、この北側、姥柳《うばやなぎ》町の辺りにあったといわれている」と案内にあります。

町あるきメモ

《その他の観光スポット》

◎高松神明神社

創建千百年を迎える洛中きっての古社。醍醐《だいご》天皇の十番目の皇子・高明親王が源の姓を賜った際、高松殿を造営し、その鎮守の社として祀られた。境内にある真田幸村ゆかりのお地蔵様は「幸村の知恵の地蔵尊」と呼ばれ、その台座をさすった手で子どもの頭をなでると知恵を授かるとして信仰されている。

◉紫織庵《しおりあん》

大正時代に室町の豪商の住宅兼迎賓館として建てられ、今は京町家と長襦袢《ながじゅばん》の資料館として公開。塀に囲まれて建物が通りに面していない「大塀造《だいへいづくり》」という京の伝統的な建築法に巧みに洋風を取り入れ、京都市指定有形文化財に指定されている。

◉京都国際マンガミュージアム

マンガとマンガにまつわる資料を収集・展示するマンガ専門の博物館。明治期から現代まで約三十万点のマンガを所蔵し、うち五万点が館内で自由に閲覧できる。一九二九（昭和四）年建造の龍池小学校を利用したという建物も一見の価値あり。

後院通《こういん》（三条〜四条）

京都は「碁盤の目」、あるいは「田の字」の町だといわれます。これは、七九四年、桓武《かんむ》天皇が平安京を造営した際、条坊制にもとづいて都市計画をたてたことによるものです。ですから、基本的に道路は真っ直ぐにできており、チャリンコで走っていても、遠くの信号まで見通せました。また、一筋ごとに角を右なら右に三回曲がれば、元の道に戻れる安心感があり、道に迷う心配もありませんでした。

もちろん、京都は平安京造営以降も都市として膨張しつつ、社会の変化とともに改造されてきた歴史があり、当初の条坊制が残っているはずがないのですが、それでも大通りを中心に主道路は碁盤の目になっています。その中で、後院通は市電が通っていた広い道であるのに、千本三条から四条大宮までを斜めに貫いています。

距離にしたら一キロもない距離なのに、わざわざ道をゆがめているのはなにゆえか。実は、一九一二（明治四十五）年の市電開設が原因だったのです。

京都市は、市の三大事業の一環として市内に市電を走らせることになり、千本通もその予定で道幅を拡張することになりました。千本通は平安京の内裏と羅城門《らじょうもん》とを結ぶメインロードだった朱雀大路の流れ。今も南北に真っ直ぐに走っており、そのまま計画どおりに道幅を拡張できていたなら、後院通はできていなかったでしょう。

ところが、千本通三条以南の主に材木商が、「通りが広うなったら、同業者が分断される」という理由で猛反対したのです。有力商人の材木商の反対に遭ったことで、千本通を直進できなくなり、千本三条の交差点から四条大宮の交差点に向けて、無理やり斜めに道路を建設し、市電の線路を敷いたのが後院通誕生の理由です。

市電は一九七八（昭和五十三）年に全廃されましたが、後院通の真ん中あたりにはてっぺんがタマネギ型の電柱が立っています。市電が走っていたときの名残だそうで、向かいには市電の壬生車庫が置かれていたことを示す「京都市営交通事業記念碑」が立っています。地元では後院通を「車庫前通」と呼んでいたこともあるそうです。

「餃子の王将」発祥の地を訪ねる

後院通は四条から三条までの短い距離ですが、思った以上に魅力に富んだ通りで

すべての王将は
ここから始まった

す。四条通から出発して、最初に目に入ったのは、「餃子《ぎょうざ》の王将《おうしょう》」店。前面の大きな金属プレートには、「餃子の王将　発祥の地」と彫られています。年月は、昭和四十二年十二月二十五日と記されていました。世の中では、グループサウンズやミニスカートが流行した年でした。

創業当時は小学校三年生だった僕が「王将」を知るのは、京都大学に進んでからです。百万遍《ひゃくまんべん》の北西角の一等地に、「百万石」という有名な中華料理屋さんがあり、その裏手に、新しく「餃子の王将」ができました（いまは北西角に移転）。一九七七年ごろのことでしたから、第一号店から十年が経っていたことになります。当時は確か、大阪の餃子のチェーン店「珉珉《みんみん》」が餃子八個で百二十円、「王将」が餃子六個で百円だったと記憶しています。少し経って百二十円に値上がりしましたが、それでも東京の中華屋の餃子に比べたら半値以下だというので、東京から西部講堂に芝居を打ちに来るアングラ劇団の連中は、京都へ来ると必ず餃子を食べるという話をよく耳にしたものです。

金のない学生にとっては、最後の行き着くところは餃子ライス。学生時代の懐かしさもあるでしょうが、僕としては、京都発の外食産業の両巨頭、「天下一品」と「王将」は非常にレベルが高いと思っています。

たこ焼きとワインの組み合わせは意外に合う

王将一号店の斜め向かいにある「鉄板28号」。ここは前から行ってみたいと思っていたお店です。たこ焼きとワインの店として雑誌などに紹介されていたからで、緑と黄色の縞模様のテントとビニールで囲われたなか、幅の狭いカウンターの前に事務用の折りたたみイスが並べてあるだけ。まるで屋台のようです。顔を覗かせると、自称二十八歳の女将が応対してくれました。ワインは店主がやっており、午後六時にならないと出せないとのこと。たこ焼きも嫌いではないですが、目的はたこ焼きとワインのコラボレーションにあるので、予約をして出直すことにしました。

後日、夜七時にもう一度訪ねると、奥に席が用意してありました。十人も入れば満杯というカウンターだけの、昔はどこにでもあったような、たこ焼き屋という狭苦しいディープなお店です。お世辞にも上品とはいえませんが、僕はむしろ落ち着きます。

店主（杉原安紀さん）が渡してくれたメニューには、たこ焼き・焼きそばという定番だけではなく、ワインに合いそうな品物が並んでいました。ワインを飲む客だけに出すメニューのようです。ブルーチーズのたこ焼きとパテを頼んで、山形の白ワインからスタート。「日本ワインを愛する会」の副会長を務めており、どこへ行っても日本ワインをまず頼むようにしています。

結局、この日は白、ロゼ、赤、赤と四本空けました。もちろん、一人ではないですよ。赤ワインが好きな人は少なくないようですが、僕は、最初から赤で通すのはあとがハード。そこで、だいたい、白とロゼを飲んだあとか、またはどちらかのあとに赤という流れです。ロゼは日本ではあまり人気がありません。日本でももっと評価されてよいと思っています。

ワイン専用のメニューから気になる料理をずいぶん注文しましたが、どれも気に入りました。たこ焼き屋だと思ってふらりと入ってきた一般のお客が、横で大きなグラスでワインを飲んでいる人を見ると、「こっちもワイン」と頼むことも多いとか。京都へ来たときに寄りたい店の一軒にしっかりオンリストしました。

おもちゃ映画ミュージアムで映画の歴史を知る

話を昼に戻しましょう。「鉄板28号」から北へブラブラ行き、蛸薬師通と六角通の中間あたりに、東向きの細い路地があります。そこを入ったところにあるのが、「おもちゃ映画ミュージアム」。〝ミュージアム〟と謳《うた》ってはいるものの、間口二間半ぐらいの普通の町家で、案内板が出ていないと見過ごしてしまいそうです。

映画好きには見逃せないスポットで、中に入ると通路の奥が開けていて、スクリーンには白黒の無声映画が映されていました。大河内伝次郎《おおこうちでんじろう》主演の戦前の時代劇のようです。母屋には一階にも、二階にも古い映写機が所狭しと展示されています。

運営する一般社団法人京都映画芸術文化研究所の代表理事・太田米男《おおたよねお》さんによると、映画誕生百二十年目にあたる今年（二〇一五年）の五月にオープンしたばかりで、映画前史の光学玩具やマジック・ランタン、一九〇〇年から一九四〇年代ころまでの玩具映写機、蒐集《しゅうしゅう》・復元された約九百本の映画フィルムの三部で構成されているそうです。ここから少し北にある二条城の西側は、一九一〇（明治四十三）年、日活の前身の横田商会が京都で初の撮影所（二条城撮影所）を開設した場所にあたります。戦前

古い住宅街の中に
ひょっこり現れる
おもちゃ映画ミュージアム

の名監督だった牧野《まきの》省三《しょうぞう》の最初の作品「忠臣蔵」もその撮影所で撮影されたと聞き、僕はデビュー作となったＮＨＫ朝の連続テレビ小説「ロマンス」を思い浮かべました。明治末期から大正時代にかけて、映画づくりに夢と情熱をかける青春群像を描いたドラマで、あまりにも懐かしく感じ、しばらく離れたくありませんでした。

ちょっとマニアックですが、他にはないミュージアムで、町家の保存がてら運営しているというその心意気にも拍手を送りたいところ。どこまで人気が集まるかはともかく、唯一無二のものを保有することは絶対的な強みです。館内の端末で映画フィルムを観られるほか、活弁士や伴奏つきで無声映画上映会もやっているそうなので、映画ファンでなくとも一見の価値があると思いました。

坂本龍馬とおりょうがデートした場所は監獄の前

おもちゃ映画ミュージアムを出て、入り組んだ路地を抜けると六角通に出られました。北側には坂本龍馬とおりょうが落ち合った武信《たけのぶ》稲荷神社があり、東にはその逸話とも関連する六角獄舎《ろっかくごくしゃ》がここにあったことを示す碑が設置されています。

武信稲荷神社には、平重盛が安芸宮島《あきのみやじま》の厳島《いつくしま》神社から苗木を移し植えたという樹齢約千年の榎《えのき》の大木がご神木として祀られており、神社の言い伝えでは、龍馬とおりょうはこの榎の陰から、神社の東にあった六角獄舎の様子をうかがっていたとされます。獄舎には幕末の志士とおりょうの父が囚《とら》われていたからです。

ところが、新選組などに命をねらわれて危険を感じた龍馬は、突然姿を消します。会えない日々が続いていたある日、この神社にやってきたおりょうは、榎に彫られた「龍」の一字を目にしました。「今、京都にいる」という龍馬からの合図だと察知したおりょうは伝手《つて》を頼って龍馬と無事に巡り合ったという話です。

榎は「縁《えん》の木」に通じ、榎に宿る弁財天を祀る末社の「宮姫社《みやひめのやしろ》」は縁結び、恋愛の神としても知られると、案内板にはあります。

他方、六角獄舎は蘭医学者の山脇東洋《やまわきとうよう》が刑死した囚人を解剖し、臓腑《ぞうふ》を観察した場所で、東洋はそれをもとに解剖図録を刊行しました。生野の乱を起こした勤王の志士・平野国臣《ひらのくにおみ》が六角獄舎に囚われていましたが、一八六四（元治元）年七月、いわゆる蛤御門《はまぐりごもん》の変による火災が獄舎に迫った際、他の志士とともに斬殺されたと伝えられます。市電といい、映画といい、幕末から明治にかけての歴史の一端が、この狭いエリアに凝縮されている感じです。

名も知らない路地をさらに進み、賑やかな三条会商店街へ。アーケードはあるものの、いろいろな個人商店が雑然と並ぶ下町の商店街です。銀座や表参道みたいな高級ブランドが店を構える通りも悪くないのですが、こういう庶民的な商店街も昭和の時代に戻ったようで、捨てがたい魅力があります。僕はあちこちの店を見て歩きながら、ある和装屋で普段履き用の雪駄を買い求め、商店街の西の終点である千本三条の肉屋では、肉サンドとミンチカツ、揚げたてのコロッケをテイクアウトしました。ちょうど後院通の北詰めにもなり、後院通歩きも終了です。

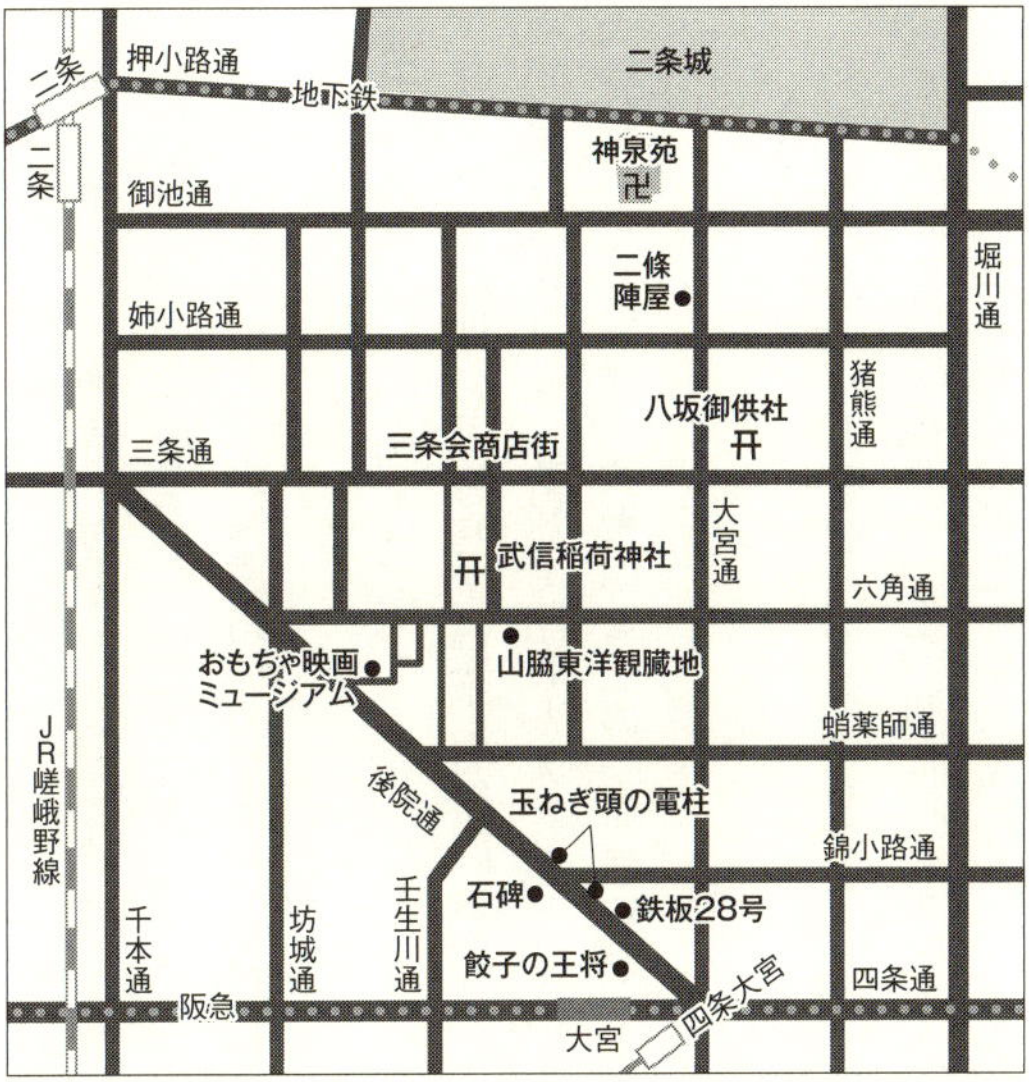

町あるきメモ

《その他の観光スポット》

◉神泉苑《しんせんえん》

平安京造営の際に整えられた禁苑で、天皇や公家が船を浮かべ詩歌管弦を楽しんだとされる池の名残が現存する。御池通の名はこの池に由来する。境内には日本唯一という、その年の恵方《えほう》へと向きが変えられる恵方社がある。十一月には京都市無形民俗文化財である「神泉苑狂言」が行われる。祇園祭発祥の地でもある。

◉二条城

徳川家康が上洛時の宿舎として造営し、家光の代に現在の規模に整えられた。明治時代には離宮となったことから、正式には「元離宮二条城」という。国宝二の丸御殿、狩野派などの障壁画三千面、小堀遠州作の二の丸庭園など見どころも多い。世界遺産。

◉二條陣屋《にじょうじんや》（小川家住宅）

江戸時代後期の両替商萬屋平右衛門《よろずやへえもん》の屋敷であり、現在、国の重要文化財。京都所司代や町奉行所が近く、訴訟で訪れた大名などが逗留《とうりゅう》する公事宿《くじ》であったため、意匠を凝らした内装や、隠し階段や武者隠などの防衛建築が楽しめる。現住民家のため、見学は要予約。

◉八坂御供社《ごくうしゃ》

八坂神社の三つある御旅所《おたびしょ》のうちの一つで、三条商店街の中にある神社。祇園祭の還幸祭の日（七月二十四日）、四条御旅所を出発した三基の神輿はそれぞれ違うコースを通って八坂神社へ還るが、三基ともいったんここへ集結し、神事を行う。

錦小路通《にしきこうじ》（烏丸〜堀川）

錦小路通は、寺町通の錦天満宮から大丸百貨店の東横の高倉通までの市場が有名です。年末には、恒例のように買い物客でごった返す錦市場が映し出され、今や観光客が行き交う通りとなりました。以前は魚屋や八百屋、肉屋、乾物屋、佃煮屋、漬物屋など食品を扱う市場だったのに、最近はこの通りの人気を当て込んで、いろいろな業種の店も進出しつつあるようです。

メジャーな道を歩くのは本書の趣旨ではないので、同じ錦小路通でも烏丸から西を歩くことにしました。こちらは〝オフィス街のグルメ路地〟撞木辻子《しゅもくのずし》のほか、歴史的遺産も近辺に散見され、捨てがたい魅力があります。

かつては「糞小路」と呼ばれていた？

平安京の条坊図にも載っている「錦小路」が、「糞《くそ》小路」という不名誉な通り名で呼ばれていたという話が、『宇治拾遺物語《うじしゅうい》』の「清徳聖《せいとくひじり》奇特の事」にあります。

昔、清徳聖という聖が、亡くなった母親の棺《ひつぎ》とともに一人で愛宕山《あたご》に籠り、三年の間、寝食を断ってお経を唱え続けました。すると「お陰で仏になりました」と母からの声が聞こえ、それを聞いた清徳聖は母の遺骸《いがい》を荼毘《だび》に付し、埋葬してから愛宕山を下りたのですが、腹が減って仕方がありません。道すがら生い茂る水葵の葉を折ってむしゃむしゃ食べているのを目撃した人が、「聖がなんとあさましい」と嘆き、家へ連れ帰って白米の飯を与えたところ、一石《こく》をペロッと平らげて出ていきました。

その話を聞いた九条右大臣・藤原師輔《ふじわらのもろすけ》が、「まさかそんなことはあるまい」と清徳聖を自邸に招くと、清徳聖のあとから餓鬼《がき》、畜生、虎、狼、犬、鴉《からす》などの鳥獣が数万とついてくるのが見えました。しかし、右大臣以外の人には見えません。米十石をご飯にして布施《ふせ》すると、聖が一人で食べているように見えて、後ろのものたちがすべて食べてしまいました。聖は一粒も口にされません。それを見た右大臣は、この聖は仏さまが姿を変えて歩いておられるのではないかと思ったのでした。

すっかり食い終わった餓鬼、畜生、鳥獣たちは、四条大路の一筋北の小路で一斉に用を足したため、通りが真っ黒な糞だらけになりました。下々の者がその小路を〝糞小路〟とつけたのを耳にした帝が、お付きの者に「四条の南の小路は何というのか」と問われ、「綾小路と申します」と答えると、「ならば、そこを錦小路と呼ぼう。糞小路ではあまりに汚すぎる」とおっしゃり、「錦小路」になったという話です。

話としては面白いですが、平安末期の文献には、「具足小路を天喜《てんぎ》二年に錦小路と改称した」ともあります。天喜二年とは一〇五四年、平安中期です。このことから、具足小路がなまって〝糞小路〟となったのではないかという説がある一方で、大和錦を織る職人が通りに住んでいたから錦小路になったという説もあるなど、いろいろです。

現在のような市場が形成されたのは、魚商などが住むようになった江戸初期からだとされます。もし糞小路のままであったなら、市場もできていなかったでしょうね。

食べ物屋が立ち並ぶグルメ辻子

糞小路ならぬ錦小路を、烏丸通から散策することに。その前に、烏丸通東側の八坂神社御手洗井《みたらいい》に寄りました。普段は施錠されていますが、毎年七月十五日から二十四日までの祇園祭の期間だけ公開され、今も地下から水が湧いています。

ふだんは外から眺めるのみの御手洗井

　祇園祭関係では、烏丸通の信号を渡って少し西へ行った左手の路地《ろうじ》に、占出山《うらでやま》の社と収蔵庫があります。占出山は、神功《じんぐう》皇后が肥前国松浦川で鮎を釣って戦勝の兆としたという故事にもとづく山で、「鮎釣山」ともいわれるそうです。右手に釣竿、左手に釣り上げた鮎を持って立つ神功皇后の人形がご神体で、帰国後に無事皇子を出産したことから、古くから安産の神様として祀られています。銅葺《どうぶ》きの社殿と、その奥にはご神体などを保管する白壁の蔵が控えていましたが、祇園祭シーズンではないためか、ひっそりと静まり返り、安産を願う絵馬がかかっているのみでした。

　室町通を少し過ぎたところに、またも左へ行く路地が出現します。こちらは、隠れ家的なグルメ街と称される「撞木辻子」です。撞木とは、鉦《かね》を叩く仏具で丁字形をしています。撞木辻子は、四条通へ直線に抜ける細い路地の中ほどに新町通へ抜ける狭い道があり、ちょうと丁字の撞木の形をしていることから「撞木辻子」と呼ばれるようになったとのことです。

町家を活用した食べ物屋が石畳の両側に軒を連ねていますが、ランチタイムが終わった時間帯ということもあり、ほとんどの店は閉まっていました。人影もほとんどありません。たまたま表に出ておられたワインバー「ＩＣＨＩＫＡＷＡ」のご主人に伺うと、店の入れ替わりが激しいそうです。食にうるさい京都人を相手に、思いつきや流行りで出店しても、続けていくのはむずかしいのでしょう。

本能寺は現在地になかった

錦小路通を堀川の一つ手前の油小路通まで歩き、北へ曲がって蛸薬師通の角近くに立派な碑が立っていました。そこには、本能寺がここにあったと記されています。

ここ本能寺に宿泊していた織田信長《おだのぶなが》は一五八二（天正十）年、明智光秀《あけちみつひで》の謀反によって、自刃して果てました。教科書でも習う本能寺の変です。享年四十九。信長にすれば、天下統一を目前にしての無念の死だったでしょう。子どものころは、戦国武将の中で最も信長に憧れたものですが、とうに彼の享年を越えてしまいました。

本能寺は現在、寺町御池を下がったところに存在しています。これは、本能寺の変

「䏻」の字に注目

後の一五八九（天正十七）年、当地に本能寺を再建しようとした上棟式の当日、突然、秀吉によって寺町通への移転を命ぜられたため。信長の霊がさまよう当地での再建を嫌ったのでしょうか。

なお、本能寺は「本能寺の変」以外でもたびたび焼失し、つくりに「ヒ」「ヒ」と火が二つ重なるのは縁起がよくないと忌み、「本䏻寺」と書くようになりました。

市聖に思いを馳せる

道草ついでに蛸薬師を西に曲がると、空也《くうや》上人を本尊とする空也堂があります。空也堂は、正しくは紫雲山極楽院光勝寺《しうんざんごくらくいんこうしょうじ》といい、九三八（天慶元）年に空也に帰依《きえ》した平定盛が開創したと伝えられます。空也上人は平安中期に活躍した念仏僧で、鉦を叩き念仏を唱えて諸国を巡るかたわら、道をつくり、橋を架け、井戸を掘るなどの社会事業を行い、市聖《いちのひじり》などと称されました。

当初の寺院は別の場所にあったそうですが、応仁の乱で焼失し、現在地に移ってきたのは一六三四（寛永十一）年。幕府が長崎に出島を築き、外国人の居留地としたころです。その後も再三火災に遭い、現存の建物は明治期のものです。毎年十一月の第二日曜日には、空也上人を偲んで開山忌（空也忌）の法要が営まれ、皇服茶《おうぶくちゃ》の献茶式のあと、僧侶らが太鼓、鉦、瓢《ふくべ》を叩いて踊るという話です。

京都市内には、空也寺、六波羅蜜寺《ろくはらみつじ》、膏薬辻子《こうやくのずし》、空也滝などあちこちに空也上人の足跡が見られます。空也堂の前にたたずみながら、その偉業に頭が下がる思いでした。

町あるきメモ

《その他の観光スポット》

◉ブリキのおもちゃと人形博物館
鉄腕アトムやウルトラ怪獣、企業キャラクターなど、昭和を中心としたブリキの玩具やセルロイド人形などのおもちゃを展示する博物館。所蔵する一万五〇〇〇点以上の中から毎月約三〇〇〇点を展示。

●醒《さめ》ケ《が》井《い》水

足利義政や千利休も用いたと伝えられる醒ヶ井水は京の三名水とも称えられ「醒ヶ井通」の由来にもなった。

第四章

寺社町を歩く

松原通（大和大路〜東山）

松原通は東大路通（京都では東山通とも呼ばれる）を越えると、清水坂《きよみずざか》と名を変え、清水寺への参道として大勢の参詣客で溢れ返ります。しかし、清水寺からの帰りに、東山通の信号を渡って松原通まで散策する人は少ないのではないでしょうか。

平安京の五条大路とされるのが現松原通で、近世までは五条松原通と呼ばれていたそうです。当然、鴨川に架かる五条橋も松原通にあったわけで、牛若丸と弁慶が出会ったのは、今の五条大橋ではなく、松原通の橋だったということになります。ちなみに、現在の五条通は元の六条坊門小路。豊臣秀吉が一五八九（天正十七）年に大仏殿（方広寺）の造営にあたって、松原通の五条橋をこちらに移築し、当初は「大仏橋」と称されていましたが、正保年間（一六四四〜一六四八）に「五条橋」、六条坊門小路も「五条通」となったといい、松原通の橋は「松原橋」となりました。

通り名の由来は、松原通烏丸の新玉津島《にいたまつじま》神社の松並木が立派だったことからついたという説もありますが、定かではありません。鴨川から東は清水寺の参道として発展したといわれます。しかし、交通が発達した今日は川端通から宮川町通、大和大路通を過ぎて、清水寺まで歩こうとする酔狂な人はいるはずがなく、通りはガランとしていました。そのぶん、散策するには絶好です。

六波羅蜜寺で、教科書にある仏像と出会う

大和大路から清水寺へ向かって歩き出して、南側に見えるのが六波羅蜜寺《ろくはらみつじ》。松原通には面していませんが、西福寺というお寺の角を南に曲がると、「東山開睛館」の隣に、石柱の門と、丹《に》の色が鮮やかな本堂（国重要文化財）が出迎えてくれました。空也上人が九六三（応和三）年に創建した西光寺を嚆矢《こうし》とし、その十四年後の九七七（貞元二）年に六波羅蜜寺に改められたとされます。明治維新までは大堂伽藍《がらん》を構え、現在の倍以上の規模だったようです。

六波羅蜜寺には、平安・鎌倉時代の木造仏像彫刻が〝宝庫〟といわれるほど多数蔵されており、しかもうれしいことに、それらの仏像が一般公開されています。なかには教科書で目にした仏像もあり、その現物をぜひ見てみたいというのが、松原通散策

の目的の一つでした。拝観料を支払って、本堂内の宝物館へ入ってみましょう。

内部には、国宝の十一面観音立像をはじめ、重文の薬師如来坐像、地蔵菩薩の坐像と立像、吉祥天女像《きっしょうてんにょぞう》、閻魔《えんま》大王像などがずらりと安置されています。そのなかでもやはり見とれてしまったのが、空也上人立像。口の中から六体の仏様が出ている、あの有名な像です。どういうお顔で、どういう構造になっているのだろうと興味深くじっくりと眺めました。

説明には、鎌倉時代の仏師・運慶《うんけい》の四男・康勝《こうしょう》の作で、両肩から胸に金鼓を提げ、右手に持っているのが撞木、左手に持っているのが鹿の杖とあります。足下は草鞋《わらじ》で、口元から出ている仏様の列は、念仏を唱える口から「南無阿弥陀仏《なむあみだぶつ》」の六体の阿弥陀様が現れたという伝承にもとづくものです。念仏を唱えながら都中を遊行した姿を髣《ほう》髴《ふつ》させる像は、思っていたより小さなものでした。

経巻を手にした平清盛坐像も、やはり写真で見た記憶があります。書物の中でしか目にできなかったものが、こうやって手軽に本物を見られるところが、京都や奈良のすごいところ。いくら優れた写真であっても、立体感、大きさ、迫力、細かな細工などは、やはり本物を前にしてこそ味わえるものです。

町名からうかがえる平家の繁栄の夢の跡

六波羅蜜寺内の門のすぐ横手に、「此付近　平氏六波羅第　六波羅探題府」と彫られた石碑が建っていました。「大正四年十一月建之　京都市」の文字も読めます。見て、歴史の中から思い出すのは二つ。一つは平氏の六波羅第、もう一つは、鎌倉幕府の六波羅探題です。

六波羅第とは、「平氏にあらずんば人にあらず」と権勢をほしいままにした平氏一族郎党が、清盛時代に大邸宅を構えた地域一帯の名前です。清盛の邸宅だった泉殿もここ六波羅第にあり、六波羅入道大相国と呼ばれました。ところが、驕《おご》れるものは久しからずで、一一八三（寿永二）年、平氏が源氏に追われて都落ちする際に焼かれてしまいます。平氏滅亡後、鎌倉幕府は一二二一年の承久の乱を機に、六波羅の北と南に京都守護に代わる出先機関として六波羅探題（当初は六波羅守護、あるいは単に六波羅と称された）を設置。朝廷や西日本の守護大名ににらみを利かせました。しかしこの六波羅探題も一三三三（元弘三）年、足利尊氏の攻撃によって鎌倉幕府とともに消滅することになります。

源平の栄枯盛衰が交差する場所、それが六波羅という場所だったのでしょう。この石標以外に、平氏六波羅第と鎌倉幕府六波羅探題の跡を示すものはないかと探してみたところ、六波羅蜜寺の南に、「池殿町」「三盛町」「門脇町」という町名を見つけました。池殿町は、平頼盛邸が通称「池殿」と呼ばれたことから、三盛町は、平清盛・頼盛・教盛の三兄弟から、門脇町は、平教盛が門脇宰相と呼ばれたことからそれぞれついたとされます。ほかにも、多門町、北御門町、西御門町の町名が見られ、平氏の六波羅第がここにあったことを物語っていました。

町名続きで、少し寄り道を。六波羅蜜寺の東を「轆轤町《ろくろ》」といい、仁丹マーク入りの琺瑯《ほうろう》製町名表示板にも、それが読めます。清水焼の町だから「轆轤町」という町名だと思っていたら、「髑髏《どくろ》」から転じたと聞かされびっくりしました。

六波羅は「六原」とも書き、京都における葬送の地であった鳥辺野《とりべの》の入り口だったところ。今も鳥辺野には大谷本廟や墓地のほか、京都市中央斎場もあります。かつてはこのあたりを掘ると、埋葬された死人の骸骨がたくさん出ることから、「髑髏町」と呼ばれたらしいのです。しかし、それでは町の名としていかがなものかというので、江戸時代に京都所司代だった板倉氏が、似た読みの「轆轤町」に変更させるという粋なはからいをしたのでした。

　地名・町名は、その場所の過去の歴史を知るうえで非常に重要なものです。町村の合併や行政区画の調整などで、昔ながらの地名・町名が変えられてしまうことがありますが、その地域の歴史まで消されるようで、残念でなりません。何とか受け継いでいってほしいと願っています。

六道の辻で六道珍皇寺にお参りする

　元の松原通へ戻ってきたところに、「京名物　幽霊子育飴《ゆうれいこそだてあめ》」というおどろおどろしい看板の店があります。幽霊子育飴のほかに宇治茶も売っている「みなとや幽霊子育飴本舗」という店で、店の人に話をお聞きすると、「幽霊子育飴」の由来はこういうことです。

　豊臣秀吉が没した翌年、一五九九（慶長四）年のこと。女が夜な夜な飴を買いに訪れるのを不審に思った店主が、女のあとをつけてみると、ある墓の中に姿を消しました。その墓の下からは赤ん坊の泣き声がするので掘り起こしてみると、その女が産んだであろう赤子を発見。わが子を育てるために幽霊となって飴を買いに来ていたのでした。幽霊の母親に育てられた子どもは八歳で出家し、後に高僧となったというお話です。

店の創業は一五一五（永正十二）年とのことで、室町時代から続く超老舗です。幽霊が買いに来た当時は練り飴（水飴）でしたが、日持ちがしないため、現在は固形の飴になっています。「昔から同じ味です」といわれ、「さて、どんな味か」と一粒口に入れてみました。特段変わった味ではありませんでしたが、昔懐かしい甘すぎない飴。ネーミングと由来が面白く、話のタネになるお土産としておすすめです。

この「みなとや」から東へ歩くと、六道珍皇寺の山

昔懐かしい味わいの「幽霊子育飴」

門が北側に現れます。

鳥辺野の入り口にあたる六道の辻に建つお寺です。六道の辻は冥土へ通ずる道でもあり、この世（現世）とあの世（冥府）の接点であると信じられていました。普段は人も寄りつかず、謡曲『熊野《ゆや》』には、「六道の辻とかや、げに恐ろしやこの道は冥土

にかよふ（う）なるものを」と謡われたほどです。

京都では、お盆前の八月七日ごろから盂蘭盆会《うらぼんえ》の行事が始まります。六道珍皇寺の「六道まいり」はとくに有名で、七日から十日までの四日間、参詣者は「迎え鐘」を撞《つ》き、仏壇に供える高野槇《こうやまき》を買い求め、先祖の霊（おしょらいさん）を迎えるのだといいます。

境内には、迎え鐘のお堂が建っていました。鐘自体はお堂の中に隠れていて見えず、壁穴から出ている綱を引いて鐘を鳴らすのです。ここの鐘の響きは十萬億土の冥土にまで届くとされ、この音に応じて死者の霊がこの世に呼びよせられるといいます。興味を惹かれたものの、普段は綱がしまわれていて、勝手に撞くことはできませんでした。

「迎え鐘」がある以上、帰ってきた精霊を再び冥府へ送る「送り鐘」もあります。寺町三条を少し北へ行った右手の矢田寺の鐘がそれで、お盆の終わる八月十六日には、先祖の霊が無事に戻れるよう、「送り鐘」を撞きに大勢の参拝客がここを訪れます。十六日夜の大文字など五山の送り火も先祖の霊を送るためのもので、間違っても「大文字焼き」といわないこと。京都人に白い目で見られるので要注意です。

また、六道珍皇寺には、この寺の開創者ともいわれる平安時代の公卿・小野篁《おののたかむら》が境内に生える高野槇のツルを伝って冥界への井戸を降り、閻魔大王の手伝いをしたという伝説が残っています。篁が矢田寺の満慶上人を地獄へ案内したのもここの井戸が入り口だったとかで、本堂の庭にはその「小野篁冥土通いの井戸」が現存しているのですが、残念ながら拝観時刻を過ぎていたため、見ることはできませんでした。

入り口があれば、出口も必要です。その一つが化野《あだしの》の福正寺《ふくしょうじ》の井戸、もう一つが千本閻魔堂近くの井戸だったとされます。平安時代、京都には三つの風葬地があり、東の風葬地が鳥辺野、西が化野、北が蓮台野《れんだいの》です。毎年八月末の千灯供養で知られる化野念仏寺は、空海が野ざらしの亡骸を哀れに思い弔った寺が始まりとされます。

化野、蓮台野にも六道の辻（生の六道）があり、篁はそこを通って地上へ戻ってきたのだというのです。福生寺はすでに廃寺になってしまっていますが、嵯峨の清凉《せいりょう》寺《じ》の境内には「生の六道」と刻まれた石碑が、旧福生寺の地蔵とともに残されています。

こういう話を聞くと、この世とあの世の境を訪ねて、矢田寺、清凉寺へ足を延ばしたくなりました。

小野篁は身長が百九十センチ近い反骨精神旺盛な人物で、その墓は京都市北区の島津製作所紫野工場の一角に、紫式部のものとされる墓所に隣接してあります。これは男女の愛欲を描いた罪で地獄に落とされた紫式部を、小野篁が閻魔大王にとりなして救ったという伝説にもとづくものです。ほかにも数々の伝説・逸話が残されている一方、歌人としてもすぐれ、有名なのは『百人一首』十一番。

「わたの原　八十島《やそしま》かけて　漕ぎ出でぬと　人には告げよ　海人《あま》の釣舟」

興味の尽きない人物です。

レトロとモダンが渾沌とする道

松原通は元の五条大路としての歴史を持つだけに、通り沿いには、幽霊子育飴の「みなとや」を筆頭に昔ながらの店がある一方で、若い人が古い家を活用して店を出すなど、新しい取り組みも何軒か見られました。

気になった一軒が、醤油問屋の商家を借りて営業をしている仏亜心料理の店「貴《き》匠桜《しょうざくら》」。一九二二（大正十一）年築という登録有形文化財に指定されている立派な建築です。入ったところが天井までの吹き抜けになっていて、天窓から差し込む光が柔らかな雰囲気を醸し出しています。おくどさんや坪庭、床の間、大型金庫なども醤油問屋時代のままで、まるで大正時代にタイムスリップしたかのよう。フレンチにアジア各国や和の要素を取り入れたという〝仏亜心料理〟のコンセプトにぴったりです。

「貴匠桜」の先に、「ふじひら窯」と呼ばれ、京都で現存する唯一の登り窯があったのを思い出し、それを見に松原通から南へそれました。残念ながら外からは登り窯が見えません。その名称からもわかるとおり、かつては藤平陶芸という陶芸工場の登り窯だったもので、同社はここを閉めて近くの五条通へ移転されたとのことでした。現在は、京都市教育委員会の管轄とのことです。登り窯としての使命を終えた今は、ときおり展示会場として使われており、僕が以前訪れたのも友人である現代アーティスト・近藤高弘くんの個展のときでした。

ふじひら窯は、京都市の調査によると、一九〇九（明治四十二）年六月に築造され、長さが煙突部分を含めると十九メートル、幅が五・五メートルで、全高が六メートル、焼成室九室を有する、京都市内最大規模の登り窯です。一般に公開されておらず、普段は見学できませんが、イベントなどがあるときには中に入れますので、興味のある方はそのチャンスをねらって見学するとよいでしょう。陶芸工場であったときの雰囲気も味わえます。

町あるきメモ

《その他の観光スポット》

◉建仁寺

一二〇二（建仁二）年、栄西禅師が開山した京都最初の禅寺。室町時代には京都五山の第三位となり大いに栄えるも、明治の廃仏毀釈の流れて大幅に寺域を縮小した。有名な俵屋宗達の「風神雷神図」（国宝）のレプリカが鑑賞できるほか、潮音庭など趣の異なる三つの庭、二〇〇二年に創建八百年を記念して法堂天井に描かれた畳百八枚分の双龍図が新たな見どころとなっている。

◉八坂の塔

松原通の一本北、八坂通のシンボルともいえるのが八坂の塔。正式名称は法観寺《ほうかんじ》。聖徳太子による開基と伝わり、現在の塔は一四四〇（永享十二）年、足利義教により再興されたもの。内部の不定期公開あり。

◉若宮八幡宮

源頼義によって創建され、室町歴代将軍の崇敬を集めたが、応仁の乱により社殿は荒廃。一六〇五（慶長十）年、六条醒ヶ井から現在地に移り、一九四九（昭和二十四）年に陶祖神である椎根津彦命《しいねつひこのみこと》を合祀したことにより「陶器神社」とも呼ばれるようになった。毎年八月には陶器祭で賑わう。

荒神口《こうじんぐち》通（寺町〜川端）

京都市内を五条〜鞍馬口まで南北に貫く寺町通は、丸太町通を挟んで北と南でガラッと様相を変えます。南は五条まで商店街を形成し、店も多くにぎやかですが、丸太町通から一歩北へ足を踏み入れると、東側には教会や新島襄邸、京都市歴史資料館、寺院などが点在する一方、西側は御所《ごしょ》（正式には京都御苑ですが、京都の人は「御所」といい、僕らも普通にそう呼んでいた）の石垣が続く閑静な通りです。

御所は劇団のトレーニング場だった

御所は、〝青春〟の二文字が詰まった思い出深いところです。

京大在学中、三回生から「劇団そとばこまち」の座長を引き受けた僕は、台本の選定やキャスティング、公演場所の確保、予算の作成、宣伝など、役者と掛け持ちで半分プロデューサーのような仕事をするようになりました。外回りも多くて、大学の授業どころではありません。

劇団経営にのめり込むなかで、烏丸御池のビルに百人収容できる稽古場兼アトリエを構えました。御所までは、今でいえば、地下鉄一区間の距離。軽くランニングして、御所の南側の広場で柔軟体操や発声練習をしていました。僕らにとっては格好のトレーニング場で、稽古場から近いこともあり、よく通った懐かしい場所です。

京都御所は春と秋の一般公開日か、事前に申し込み手続きをしないと拝観できませんが、御所（いわゆる御苑）は二十四時間オープンで、いつでも散歩できるのがいいところです。梅、桃、桜、紅葉、雪景色と四季折々の見どころがあるほか、人がそれほど多くないので、芝生にのんびり座っているだけでもくつろげます。

清荒神に立ち寄る

荒神口通は、この御所から川端通までの短い道です。寺町から東へ進み、一筋目の角に建つのが、通り名の由来にもなった清荒神《きよしこうじん》（護浄院《ごじょういん》）。案内の立て札によると、もともとは摂津の国にあり、京都の醍ヶ井高辻から一六〇〇（慶長五）年に現在地へ移ってきたとあります。一六〇〇年は、徳川家康方と石田三成方の東西の軍勢が天下分け目の戦をした年です。

清荒神のご本尊の清三宝大荒神は、一般家庭ではかまどの上に祀られる火の守護神で、地元の人は親しみを込めて〝荒神さん〟と呼びます。

こぢんまりとした境内には、小さなお堂がいくつかありました。観光客もここまでは足を運ばないようで、ひっそりとしています。その中で、「日本最初の清三宝大荒神」の幟《のぼり》が元気に風にはためいていました。

赤い提灯が荒神さんの目印

清荒神と御所の間は、同志社を創設した新島襄《にいじまじょう》の妻・八《や》重《え》も学んだ女工場《にょこうば》を祖とする鴨沂《おうき》高校です。その北側の塀のそばに埋もれるように、「法成寺跡」という石碑が建っていました。法成寺は、

「この世をば　わが世とぞ思ふ　望月の　欠けたることも　なしと思へば」

と権勢を誇った藤原道長が、晩年に資財と人力を注ぎ込んで造営した壮大な寺院で、道長はここで最期を迎えます。火災などによって鎌倉時代末期に廃寺になり、今は一本の

石碑が歴史を伝えるのみです。

京都人は家の方位にこだわる

河原町通を渡って荒神口通を東へ行ってみましょう。一筋目が三本木《さんぼんぎ》通。「三本木」という名称は、聞き覚えがあります。「確か本で読んだような……」。記憶の底を掻きまわして、司馬遼太郎さんの幕末ものの中に、志士たちが三本木の花街で遊ぶくだりが出てきたのを思い出したのでした。

「かつての花街の面影がどこかに残ってないだろうか」

興味に誘われた僕は、迷うことなく三本木通へと折れました。

左手の法務局の塀からは満開のさるすべりの薄紅色の花が顔をのぞかせています。長い日数花が咲き続けることから「百日紅」と書くさるすべり。珍しい花ではありませんが、歩くからこそその美しさをじっくりと観察できるのです。

花の下を通りすぎたとき、「あれ？」と奇妙な違和感に捉われました。西側の家並みがどうにも変なのです。よく見ると家が道路に対して平行ではなく、三角形にセットバックさせて建てられているのがわかりました。つまり三本木通は南北ではなく、やや斜めの通りなのでした。道路と平行に住宅を建てると、正面が角度的に十度ほど北東を向くことになります。京都は方位を大事にする町。家の正面が真東からずれるのを嫌い、角度を変えて建てていたわけです。

道が斜めでも、家はちゃんと東を向いている。何もそこまでこだわらなくても思う人もいるかもしれませんが、方位がはっきりしているほうが僕には安心感があり、気持ちがすごく落ち着きます。東京の方に方向音痴が多いのは、もともと東西南北がわかりにくいからじゃないでしょうか。碁盤の目の街は、人間にとっていちばん心が落ち着くのではないかと信じています。

三本木界隈に花街の名残を探す

三本木通は、法務局の塀が途切れたあたりで、東三本木通と西三本木通の二手に分かれます。その二本の道に囲まれて、圓通寺という大きな寺院がありました。門の上が鐘楼で、見上げると鐘の中が丸見えです。これも他ではなかなかお目にかかれない不思議な光景でした。

圓通寺の鴨川寄りの道が東三本木通。ぶらぶらと丸太町通に向かっていくと、「吉田屋跡」という駒札を見つけました。そこには、三本木が花街だったころ、吉田屋という料亭があったと記されていています。長州藩邸（今の京都ホテルオークラ）に近いこともあり、桂小五郎ら長州藩士が吉田屋に集まって討幕の密謀をこらし、新選組の襲撃を受けたこともあったそうです。後に桂小五郎（木戸孝允《きどたかよし》）夫人となる幾松《いくまつ》は、ここ吉田屋所属の芸妓だったということも知りました。

明治初年で花街が閉じられ、吉田屋の建物はすでに跡形もありません。あたりには大きなマンションが建っており、百五十年ほど前、幕末の志士や着飾った芸妓が行き来したり、新選組との活劇があったとは思えないほど閑散としています。あまりの静けさに、横の辻から桂小五郎がひょいと顔を出し、「辰巳さん」と声をかけてきそうな錯覚にとらわれました。

駒札の横に、「立命館草創の地」と刻まれた石碑が鎮座しています。一九〇〇年、中川小五郎という人が、料亭清輝楼《せいきろう》に京都法政学校（現立命館大学）を設立したとありました。車なら、駒札や石碑には気づかずに通り過ぎてしまったでしょう。横道にそれてブラブラ道草をしながら、路傍の立て札や石碑に歴史の史実を発見する。ぜひおすすめしたい京都の楽しみ方です。

法務局の裏側の細い道を抜けて、鴨川の河原に下りてみました。ベンチで寝転がっている人、犬を川で遊ばせている人、ズボンの裾をめくり上げて川に足を浸けている人……。僕が京都にいたころと変わらない長閑《のどか》な光景です。こういうときに思い出すのが『方丈記』の冒頭「ゆく河の流れは絶えずして、しかももとの水にあらず」。時は確実に移ろい、荒神橋の西南のたもとにあった「リバーバンク」という喫茶店も、すでに閉まっていました。

荒神橋の欄干を渡る？

荒神橋は、大正時代に架けられた石造りの橋ですが、僕にとっては忘れられない場所です。

劇団員と他の劇団の芝居を観に行った帰りだったように記憶しています。どこかで飲んだあと、川端通をぶらぶらと歩いて荒神橋にさしかかったときでした。ふと、「橋の欄干を向こうまで渡ってみよう」と決めました。

欄干の幅は、今見るとざっと八寸、二十五センチぐらいです。橋の長さは百メートルは優にあります。高さもかなりあり川底は浅く、当然落ちたら命の保障はないでし

欄干ではなく、
飛び石で渡るのをおすすめします

ょう。仲間が止めたかどうかも覚えていないほど酔っていたのか、僕は敢然と欄干の上に乗り、バランスを取りながら無事に端まで渡り切りました。よくぞ無事に渡れたものです。酒の勢いとはいえ、無茶をしたもの。さすがに渡り終えたあとは、すっかり酔いが醒めてしまいましたが……。

あれから三十五年。久しぶりの荒神橋との再会でちょっと血が騒ぎ、欄干の上に立ってみました。当時は二十代前半、今は五十代後半です。しかも、足下は雪駄。この日は風が強く、煽《あお》られる感じです。さすがに渡るのは断念しましたが、風がなく、足下がスニーカーなら渡れそうな気もしました。

斜めの道にも理由がある

荒神口通の「荒神口」とは、先にも紹介した京の七口の一つで、比叡山の山中越えから近江の国、今の滋賀県へ通ずる志賀越道の出入口にあたります。荒神橋を渡ってそのまま東へ通ずる近衛通は明治時代につくられたもので、古くからある志賀越道は、近衛通の少し北、我々は「斜めの道」と呼んでいた北東へ延びる道です。

碁盤の目が基本の京都では珍しい斜め道で、川端通から京大へ、さらに一乗寺の下宿まで帰るときの正規ルート。チャリンコで走る時にも、三角形の二辺より一辺のほうが絶対に短いわけで、その数メートルをかせぐため、京都に少ない斜めの道は貴重でした。

東大路通でいったん東一条通と合流し、京大のキャンパスで道は途切れます。当時はここで終わりと思っていたのですが、京大吉田キャンパス東側の道から、今出川通へ出る手前を斜め北へ入り、今出川通を越えて続く道が志賀越道であることを、最近になって知り、すぐに地図を開きました。なるほど同じ角度でつながります。京都大学がこの場所につくられるときに、道路を呑み込んでしまったのでしょう。

単なる〝斜めの道〟と思っていたのが、比叡山を越え、滋賀県坂本と結ぶ主要街道の一つ・志賀越道であり、その京都の出入口が荒神口だった。ものすごい発見をした気分です。

町あるきメモ

《その他の観光スポット》

◉新島旧邸

同志社を創立した新島襄（一八四三〜一八九〇）と妻・八重が暮らした住まい。和洋折衷の木造二階建て住宅は、調度・家具を含めて京都市の指定有形文化財に指定されている。もともとは元公家の高松邸があったところで、米国留学から帰国した新島が一八七五年に敷地の半分を借りて、同志社英学校（同志社大学の前身）を開校した「同志社発祥の地」でもある。

◉山紫水明処

『日本外史』や『日本政記』など著した江戸時代後期の儒学者・頼山陽《らいざんよう》の書斎兼茶室として使われた建物。一八二八（文政十一）年建造の庵で、鴨川に面し、比叡山や大文字山など東山連峰を望むことができる。「山紫水明」という言葉は、この書斎からの眺めを表現するために山陽がつくった言葉。

◉廬山寺《ろさんじ》

紫式部の邸宅跡として知られ、『源氏物語』『紫式部日記』『紫式部集』などほとんどの作品をこの地で著したとされる。白川砂と苔で作庭された「源氏庭」には、紫式部にちなんで紫の桔梗が植えられている。二月三日の節分会には、紅白の餅と豆を投げて悪霊退散を祈願する「鬼おどり」（追儺式鬼法楽《ついなしきおにほうらく》）で有名。当日に限り特別開帳される秘仏も必見。

膏薬辻子《こうやくのずし》（四条〜綾小路）

京都には路地でも、通りでもなく、「辻子《ずし》」と呼ばれる細い道があり、これまでにも「了頓辻子」「撞木辻子」について少しふれました。

辻子は「図子」とも書き、通りと通りの間に自然発生的にできた生活道路をいいます。計画的につくられたものではないため、折れ曲がっていたり、斜めになっていたりするなど、必ずしも一直線とは限りません。車では入れないため、多くの観光客は通りすぎてしまう道ですが、普通の町家の間においしい料理屋やおしゃれな和装小物などの店が存在していたりして、ぶらぶらと散策するのには格好です。どこの辻子もそう長くないので、周辺地域もあわせて歩くのをおすすめします。

京都にたくさんある辻子の中で、ここで紹介するのは「膏薬辻子」です。

膏薬辻子は、西洞院通と新町通の間、四条通と綾小路通を結ぶ細い石畳の道で、その一角で長年贔屓《ひいき》にしている料理人が「司菜 緒方」という割烹を開いています。その関係で足を運んだことがあるのですが、この路地の通り名が「膏薬辻子」とは長いこと知りませんでした。「緒方」のアクセス案内には、「四条通新町西入ル一筋目路地南　新釜座町《しんかまんざ》」としか書かれていません。一八六九（明治二）年よりこの地域は「新釜座町」と呼ばれていたと記録にあり、その町名で間違いはないのですが、「膏薬辻子」という通り名のほうがはるかに道の雰囲気に合っています。

四条通からの辻子の入り口に、「膏薬辻子」について説明された京都市の案内板が立っていました。四条通の角までタクシーで乗りつけ、「緒方」で食べたあとはまた四条からタクシーで次の目的地へ向かうことしか頭になかったために、これまで全く気づかなかったのです。辻子が一筋南の綾小路まで通り抜けられることも、今回初めて知りました。

「膏薬」は貼る膏薬ではない

「膏薬辻子」とは、一風変わった通り名です。この辻子に有名な膏薬屋があったのだろうと思ったら、大いなる勘違いでした。

時は平安中期、平将門《たいらのまさかど》が坂東で藤原純友《ふじわらのすみとも》が瀬戸内海で活躍し、大いに中央政府をあわてさせていたころのことです（承平・天慶の乱）。空也上人が九三八（天慶元）年、京都のこの地域に道場を構え念仏修行を始めました。その二年後、下総国石井（今の茨城県）で戦死した平将門の首が京都で晒《さら》されましたが、三日目に夜空に舞い上がり故郷に向かって飛んで行ったとか。その後、各地で天変地異が起こり、それが将門の霊によるものだとして、霊を鎮めるためにそれぞれの地で首塚が建立されました。東京では、千代田区丸ノ内のオフィスビル街の一角に、「将門塚」が石碑とともに存在しています。浅草にある日輪寺にも、将門の首塚があり、神田神社に神として合祀されたそうです。

京都でも、空也上人が道場の一角に祠を建てて、将門の霊を手厚く供養しました。このことから、「空也供養＝くうやくよう」がなまって「こうやく＝膏薬」になったと伝えられます。

その平将門の首塚を「緒方」の北隣に発見。以前は民家の壁の中に隠れていたのを神田明神としてここに移設し、小さいながらも朱塗りの社殿もあります。「将門塚保存会」と染められたブルーの幟があることを見ると、地元の方ががんばって維持されてこられたのでしょう。

「司菜 緒方」の大将の追っかけ

神田明神の斜め前に、以前はなかったホテルが建っていました。鉄筋コンクリートの十階建てながら、ファサードが道に合わせて日本邸宅風にしつらえてあり、全く違和感なく周囲に溶け込んだ雰囲気です。上を見上げてはじめて高い建物とわかったくらいで、なかなか考えているなと感心させられました。

さて、「司菜 緒方」です。僕が「緒方」の大将・緒方俊郎《おがたとしろう》さんと初めて出会ったのは、十数年前。彼はそのとき、京都駅のジェイアール京都伊勢丹ビルの十一階にある京都和久傳《わくでん》で店長を務めていました。樋口農園十代当主の樋口昌孝《ひぐちまさたか》さんに「若いけど、頑張っているええ子がいるよ」と教えてもらい、東京へ帰る際に立ち寄ったのがきっかけです。樋口さんは賀茂なす、九条ねぎ、鹿ケ谷《ししがたに》かぼちゃ、鷹峯《たかがみね》とうがらし、聖護院《しょうごいん》大根など京野菜づくりの第一人者で、有名なへんこな方。ちゃんとした料理人じゃないと野菜をわけてもらえないという伝説もあるほどです。その樋口さんが推奨するのですから間違いありません。

僕は料理人・緒方さんの大ファンになり、その後、彼が京都和久傳から室町和久傳へ総料理長として異動すると、まず訪ねました。予約がいっぱいでなかなか食べられないので、アイドルタイムに行って店を案内していただいたりするのです。店が終わったあとに飲みに行ったこともありましたっけ。その緒方さんが七年ほど前に独立して自分の店を持ったのが、膏薬辻子の「緒方」です。

料理は、味だけでなく、料理人の人柄、サービス、そして、店の雰囲気がそろってこそおいしいというのが僕の持論です。その点「緒方」は、元呉服屋だった町家を改装した店の雰囲気がすばらしく、白木のカウンター席ばかりでなく、テーブル一卓だけの奥の個室も清楚で、ガラス越しに見えるこぢんまりとした坪庭にもセンスが感じられます。選りすぐりの旬の素材の調理法も独創的で、とにかく驚きのある料理は食べ手を飽きさせません。気軽に立ち寄れないのは少し寂しいですが、彼の腕と人柄なら流行って当然かなと納得しています。

辻子には日常的な情緒があふれている

「緒方」の前を、これまでとは違って綾小路通の方向へ歩を進めました。どんつき（行き当たり）を右へ直角に曲がり、さらに少し先を左に直角に曲がると綾小路通です。

その二つめの曲がり角の手前の古い町家に、「木版画　竹笹堂《たけささどう》」と白く染め抜いた暖簾が下っていました。さっそく中へ。店の人の説明では、築百年以上とかで、かがまないとくぐれないほど狭くて背の低い引き戸が、なぜか客をひきつけます。

入ったところの三和土《たたき》と右手の六畳ぐらいの和室がショップになっていました。木版画の作品や、木版印刷を施したはがき、しおり、ぽち袋、ブックカバー、うちわなど、デザインから制作のすべてを自社で監修した和紙のオリジナルステーショナリー類が展示・販売されています。一八九一（明治二十四）年創業の竹中木版がアンテナショップとして一九九九年に設立したもので、二階が工房で、木版はがきづくりも体験できるそうです（要予約）。伝統の柄からモダンな和のデザインまで、懐かしくて新しい作品に目移りしてしまいます。

琺瑯製の仁丹看板が今も残る

表に出ると、民家の軒先からチリンチリンと風鈴の音が聞こえてきました。辻子を風がよぎったのでしょう。軒の低い町家が続く細い石畳の道、そこに響く風鈴の音。外国にはない音を耳にし、「ああ、日本人に生まれてよかったな」

と思う瞬間です。時代の中に置き忘れてしまった大切なものと、再び巡り合えたような安らぎを覚えました。

民家の塀に、琺瑯《ほうろう》製の仁丹町名表示板を見つけました。大阪の森下仁丹が一九一五（大正四）年に、大正天皇の即位を記念して、京都にかぎらず、大阪や東京の町中に取り付けた表示板です。ところが、大阪や東京の表示板は空襲でほとんど焼けてしまい、まとまって残っているのは大規模な空襲に遭わなかった京都だけとなりました。ビルに建て替えられたところは取り外されてしまいましたが、古い町家の塀などにはこうして変わらずに見られます。

一企業の宣伝モニュメントとはいえ、年代物で希少価値があるとして、京都の人は仁丹表示板をこよなく愛しているふしがあります。「京都仁丹楽會」という会まであるくらいですから。仁丹の大礼服マークが住所の上にあるタイプと下にあるタイプがあり、圧倒的に多いのが下タイプだとのこと。ぶらり散歩しながら、仁丹町名表示板を見つけるのも路地歩きの楽しみの一つといえます。

菅原道真が生まれ育った菅大臣神社

膏薬辻子を抜けた綾小路通の東北に建つのが、町家住宅としてすっかり有名になった杉本家住宅です。土壁でつくられた虫籠窓《むしこまど》や紅殻格子《べんがらごうし》など典型的な京町家の商家で、建物が国の重要文化財、奥庭が国の名勝に指定されています。なお、行事や季節に合わせて一般公開されることもあるそうです。ほかにも、近隣には長江家住宅、秦《はた》家住宅など明治期の京町家を伝える家が残っています。

その杉本家住宅の向かいに、南へ抜ける細い路地があります。両側から民家が迫る中を進むと、公園の横を通って、道が左右に分かれていました。右へ行くと西洞院通です。迷うことなく左手へ折れると、路地はまた右に曲がって仏光寺通へ出られました。その曲がり角に小さな神社（紅梅殿）があり、仏光寺通にも立派な石造りの鳥居が現れ、菅大臣神社とあります。もちろんその鳥居をくぐります。やがて境内らしくなり、古い社殿を発見。説明札には、菅原道真の生誕地で、その屋敷跡と記されていました。

今はひっそりとした菅大臣神社

「菅大臣」とは、いうまでもなく菅原道真のことです。

道真が時の天皇と左大臣に疎まれて大宰府《だざいふ》へ左遷される際に、有名な、

「東風《こち》吹かば　にほひおこせよ梅の花　主《あるじ》なしとて春なわすれそ」

という歌を詠んだのもこの地で、飛び梅は鳥居のそばで今でも咲きつづけているという話でした。鎌倉時代には南北二社に分かれ、南の現在の社を天神御所・白梅殿、北を紅梅殿と呼んだとあります。先ほどの社です。

これだけ由緒ある神社なのに、境内を民家や車が占領しており、本殿以外は通路だけが残ったような印象です。通路は仏光寺通から高辻通へ抜けられ、本殿前から西洞院通へも続きます。

近所の人が自転車や徒歩で、鎮守の杜《もり》のように樹木が茂る通路を行き来していました。完全に生活道路になっているのでしょう。土地を貸すなり、売るなりして、神社の敷地が痩せ細っていく。日本のそこここで見かける風景ですが、この神社では一種「あはれ」を感じてしまいました。

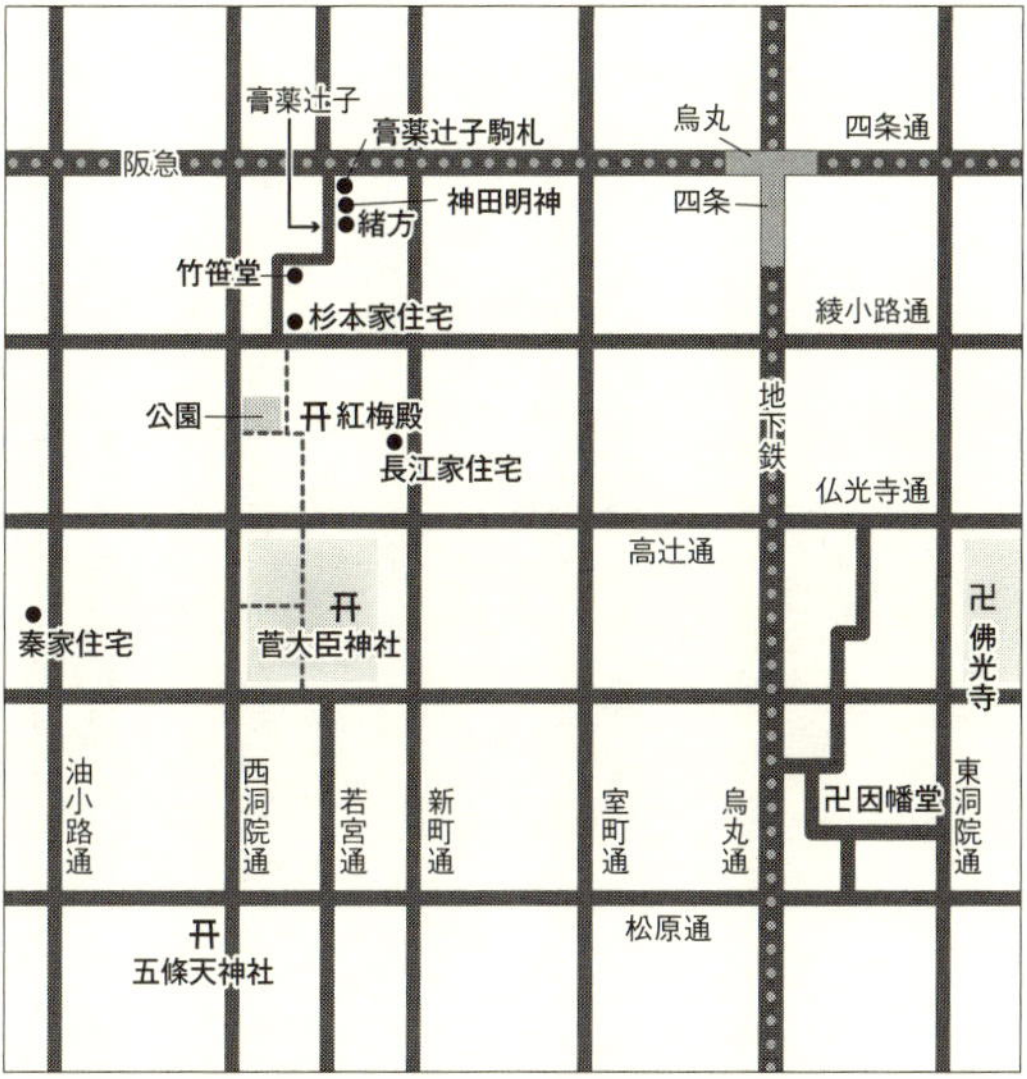

町あるきメモ

《その他の観光スポット》

◉佛光寺《ぶっこうじ》

越後に流罪にされていた親鸞聖人が京都に戻り、山科に草庵を結んだことに始まる。一五八六（天正十四）年に、豊臣秀吉の懇請により現在地に移転。「仏光寺通」と通りの名になるほど、当時は本願寺以上に栄えたと言われる。

◉因幡堂《いなばどう》

平安時代、因幡国司の橘行平が夢のお告げに従って引き揚げた薬師如来を祀ったのに始まることから通称「因幡堂」、正式名称は平等寺。病気平癒に霊験があるとして庶民だけでなく歴代天皇からも深く信仰され、「平等寺」の名は高倉天皇により下賜された。度重なる火災に遭いながらも本尊の薬師如来立像は守られ、日本三如来の一つに数えられる。近年は特に〝がん封じ〟として知られる。

◉五條天神社《ごじょうてんじんじゃ》

弘法大師の開基と伝わる古社。「天神」の名はつくが、菅原道真を祀ってはいない。『義経記』では、源義経が弁慶と出会った場所とされる。節分の日に授与される宝船図は日本最古のものとされ、厄除け・病除けのご利益がある。

春日上通《かすがかみ》（東大路〜岡崎道）

　丸太町通の一本北の道で、興味深いのは東山通（正式には東大路通）を挟んで西と東で名称が変わることです。西を「春日上通」、東を「春日北通」といいます。北へ行くことを「上ル」というように、「上」も北と同じ意味とはいえ、なぜわざわざ呼び名を変えているのか、謎ですね。

　いずれにしろ、「春日北（上）」と称する以上は、その南（下）に春日通本体がないと理屈が合いません。ところが、京都で一般に「春日通」と呼ばれるのは、西大路通をさらに西へ行った南北に走る佐井《さい》通。こちらは南北の通りですから、東西の春日北通とはおよそ関連がありません。では、春日北（上）通の「春日」とは、どの通りを指すのでしょうか。実は、現在の丸太町通が平安京時代の春日小路にあたっていたのです。そのことから、春日北（上）通と呼ばれ始めたのでしょう。もちろん、平安京にはなかった道で、十八世紀の初頭につくられたと聞きました。

筝の名手・八橋検校にちなんで京銘菓が生まれた

春日北通を東山通から黒谷《くろだに》さん（金戒光明寺《こんかいこうみょうじ》）へ向かって歩き出すと、左右に京銘菓「八ッ橋」の看板が目を引く老舗が向かい合っています。北にあるのが本家西尾八ッ橋、南が聖護院八ッ橋総本店です。

「八ッ橋」といえば、現在はあんなどをくるんだ生八ッ橋が主流で、僕もよく頂きますが、もともとの八ッ橋は、うるち米に砂糖、ニッキなどを練り合わせて薄く延ばして焼き上げた菓子です。カリカリと歯ごたえがあり、これはこれで味わいがあります。

「八ッ橋」の誕生には諸説ありますが、共通しているのは八橋検校《やつはしけんぎょう》との関わりです。八橋検校は「六段の調べ」「八段の調べ」などの名作を作曲した近世箏曲《そうきょく》八橋流の開祖。江戸、肥前で箏の修業をしたあと、一六三九（寛永十六）年ごろから京都に移り住み、多くの弟子を育てます。一六八五（貞享二）年六月、七十過ぎで亡くなり、黒谷さん内の塔頭の一つ、常光院（通称八はしでら）に葬られました。聖護院八ッ橋の案内では、何年経っても、検校を偲んで、常光院へ墓参に行き来する人が絶えないことから、黒谷さんの参道にあたる現在地で茶店を開いていた聖護院八ッ橋が、検校にちなんで、箏に似せた短冊形の焼き菓子をつくり、参拝客に出したのが「八ッ橋」の始まりとされます。一六八九（元禄二）年のことで、聖護院八ッ橋総本店の創業も同年です。

三百二十年以上が経った現在も、その最もベーシックな「八ッ橋」が京土産として製造・販売されています。京都の老舗のすごいところは、生八ッ橋のような新しい商品を生み出す先進性に富んでいる一方で、時代に流されずに、よいものはできるだけそのままの形で伝えていこうとする頑固さを失わないこと。聖護院八ッ橋も、八ッ橋というお菓子をつくる会社として、次の時代に八ッ橋を残して伝えることが会社の使命であるとおっしゃっていました。

こういう自分たちが拠《よ》って立つ最も大事なものを見失わず、きちんと受け継いでいこうとする姿勢に、三百年以上続く老舗の秘密があるような気がします。かといって、伝統にあぐらをかくことなく、伝統の味と製法を若い世代に継承しようと、新ブランドの専門店「ｎｉｋｉｎｉｋｉ《ニキニキ》」を立ち上げられました。スイーツ感覚で八ッ橋が食べられる店で、それをプロデュースしたのが、社長のお嬢さんである鈴鹿可奈子《すずかかなこ》専務。超がつく美人のうえに、京都大学で経営学を修めたという才色兼備の女性で、次はどういう展開をはかっていくのか、この素晴らしい後輩から、いろいろな意味で目が離せません。

店を後にして東へ向かったすぐのところに、南に入る路地《ろうじ》があり、当然のごとく曲がりました。曲がり角に「月と猫」というお好み焼き&鉄板焼きの店があります。そこを左折すると、また道が左折し、結局、春日北通に。コの字形の抜け路地《ろうじ》でしたが、それも歩いてみてはじめてわかることです。路地《ろうじ》を抜け出た目の前には、聖護院門跡の立派な石柱と門が聳《そび》えており、立ち寄ることにしました。

錦秋の森から「錦林」という地名が生まれた

聖護院八ッ橋総本店のある辺りは明治期まで「聖護院村」と呼ばれ、鴨川にかけてうっそうとした森が広がっていたそうです。京漬物を代表する千枚漬けの原材料として知られる「聖護院かぶら」は、ここで栽培されていた野菜でした。またこの地域が、錦林《きんりん》小学校、錦林車庫など、「錦林」とも称されるのは、聖護院の森の紅葉が錦のように美しいことからついたといわれています。

この「聖護院」の由来となるのが、聖護院門跡です。本山修験宗の総本山で、その寺歴は九百年以上前に遡ります。開祖・増誉が、一〇九〇（寛治四）年、白河上皇が熊野三山を参詣するに際して先達を務めた功績によって寺を賜ったのが始まりで、聖護院とは、聖体護持の「聖」と「護」の二字をとったものです。何度も火災に遭い、市内を点々としたあと現在地に落ち着いたのが一六七六（延宝四）年。最盛期には、全国に二万余の末寺をかかえる一大修験集団となったとされます。

修験道の本山として信仰が篤い聖護院

門跡寺院であるとともに、天明の大火のときには、時の天皇が宸殿《しんでん》を仮御所として使用されたり、書院も御所より移築した建物であるなど、宮中とのつながりが深いことから、地元では森の中の御殿を意味する「森御殿」とも、単に「御殿」とも呼ばれているそうです。奥には観光ホテルがあり、その名が「聖護院御殿荘」。納得しました。

聖護院門跡は一般公開されており、書院のほか、平安時代から江戸時代までの仏像などを拝観できます。

人を食うほど恐ろしい地蔵が祀られている

聖護院門跡の東隣にあるのが積善院《しゃくぜんいん》で、「積善院準提堂《じゅんていどう》」「准胝観音」と刻まれた一八五九（安政六）年の石碑が建っていました。准胝観音は六〜七つある観音様の一つで、それを祀る本堂があり、その横の奥に、「人喰い地蔵」という何ともおそろしい地蔵堂がこぢんまりと控えています。

なにゆえに人喰い地蔵なのか。それは、この地蔵が、保元の乱（一一五六年）に敗れて讃岐《さぬき》の国へ流された崇徳《すとく》上皇だからです。上皇は敗れた相手の後白河法皇ら都に恨みを抱き、爪も髪も伸ばしほうだいに伸ばし、夜叉《やしゃ》のごとき姿で「日本の大魔王になって復讐してやる」と舌を噛み切って死にます。

怨みを残して死んだ者の祟《たた》りがあるのは、平将門しかり、菅原道真しかりで、崇徳上皇の死後、京都では反乱や飢饉、原因不明の病気など不幸な出来事が相次ぎます。これは崇徳上皇の崇りに違いないとして、後白河法皇は保元の乱の戦場跡の春日河原に粟田宮を造営し、崇徳院地蔵を祀って魂を鎮めようとしました。その地蔵がいつのころからか積善院へ移されたのだという話です。「人喰い」といわれるのは、崇徳上皇が人を食うほどの強い呪いを持っていたからだとか。また「すとくいん」が転じて「ひとくい」になったという説もあるようです。でも、実際のお地蔵さんは、穏やかそうなお顔をされていました。

その怖い地蔵の左手には、「お俊・伝兵衛　恋情塚」なるものが設置されています。江戸時代中期の一七三八（元文三）年、京都の釜座三条の呉服商井筒屋伝兵衛と、先斗町近江屋の遊女お俊が聖護院の森で心中し、近松門左衛門の浄瑠璃「近頃河原達引《ちかごろかわらのたてひき》」のモデルにもなりました。それにちなんで戦後に建てられたものです。「人喰い地蔵」と「恋情塚」など、表から見ただけではわからないスポットが隠れている京都の神社やお寺。「ここはつまらない」と勝手に判断せず、どんどん入ってみると思わぬ出会いがあるものです。

積善院の向かいには須賀《すが》神社という社がありました。「交通神」をお祀りしていて交通神社の名で知られています。節分の日に売られる「懸想文《けそう》」は、タンスの引き出しに入れておくと着物が増え美人になり良縁に恵まれるとかで近年人気の神社です。そうした寺院や神社を訪ねながら黒谷さんへ向かうと、南北に細い路地が散見されました。その先に何があるのか、寄り道しながら春日北通を歩くのも楽しいプランです。

町あるきメモ

《その他の観光スポット》

◉金戒光明寺

法然上人が初めて草庵を結んだ地に建ち、知恩院と並ぶ格式を誇る浄土宗の大本山の一つ。「くろ谷さん」の名で親しまれる。会津藩士を多く祀り、会津小鉄の墓もある。

◉熊野神社

八一一（弘仁二）年、阿闍梨・日圓上人が紀州熊野大神を勧請したのが始まりとされ、新熊野《いまくまの》神社、熊《くま》野《の》若王子《にゃくおうじ》と並んで京都熊野三山の一つ。

第五章

歴史を歩く

木屋町通（二条～四条）

角倉了以《すみのくらりょうい》が開削した高瀬川の終始発点である、木屋町通と二条通の交差点へやってきました。東のほうには鴨川に架かる二条大橋の欄干が見え、手前の北側にはザ・リッツ・カールトンホテル京都が建っています。

木屋町通は平安京造営時からあった通りではなく、江戸初期の一六一一（慶長十六）年、角倉了以による高瀬川開削に伴って開通したものです。当時、商都・大阪（大坂）と都である京都との間は、伏見や鳥羽《とば》までは淀川《よどかわ》の船運で、そこからは陸路で物資が運ばれていました。嵯峨の豪商だった了以は、水運の開発を目指し、七万五千両もの私財をはたいて息子の素庵とともに開通させたのが、高瀬川です。これによって、一部鴨川を利用しつつ、伏見から京都市内の木屋町通二条までが水運で結ばれ、すなわち大阪とも直結したのでした。

高瀬川とともにできた木屋町通沿いには、特に材木などを商う店が多かったことから、当初は樵木町、後に木屋町と称するようになったそうです。

そういえば、高瀬川の西岸、三条通の一筋南に「酢屋」という坂本龍馬ゆかりの材木屋があります。新選組に捕縛され、池田屋事件の発端になった長州派の古高俊太郎《ふるたかしゅんたろう》が偽装していた商売も薪炭《しんたん》商でした。いずれにしろ、木屋町通は高瀬川の水運とともに発展し、人間を相手に、旅籠や貸し席などができ、「遊宴娯楽の場」（京都坊日誌）へと変わっていきました。今も木屋町通に旅館があるのはその名残といえます。

一八九五（明治二十八）年に、日本初の商業電車となる京都電気鉄道の路線の一つとして、京都駅―木屋町二条間の木屋町線が開通。その軌道を敷くために、道路が現在の広さに拡幅されました。高瀬川ぞいには柳とともに桜の木が植えられており、最近はライトアップされ、隠れた桜の名所としても知られています。また、高瀬川には夏に蛍が舞うこともあるようです。

一之船入で中華を食する

木屋町二条付近には、高瀬川の西岸に角倉家本家、木屋町通の東に別邸が建っていました。角倉家当主は江戸時代末まで高瀬川の管理を任され、一回利用するつど船賃の一部を得ていたのですが、明治維新後、京都府へ管理権が移り、現在は本家跡が日本銀行京都支店に、別邸が、がんこフードサービスのお屋敷店「がんこ 高瀬川二条苑」になっています。小堀遠州が作庭し、明治に入って七代目小川治兵衛《おがわじへえ》が改修した庭も見ものらしいので、一度行きたいものです。

高瀬川の水は、みそそぎ川からがんこの庭を通って引かれています。川沿いに橋から五〜六メートルほど南へ行くと取水口があり、料亭のほうへ流れ込んでいるのを見ることができます。その流路の出口のところに今も残るのが、「一之船入《いちのふないり》」と呼ばれる船留まりです。

「船入」とは、高瀬川を運行する船が荷揚げをするための係留場所で、伏見と木屋町二条の間に一から九までの九つの船入があったといいます。電車の開通によって水運が衰退し、一九二〇（大正九）年に船の運搬が廃止されたのに伴い、一之船入以外の八つはすべて埋め戻されました。船入の昔の姿をとどめるのは唯一「一之船入」だけで、往時を知る貴重な遺跡です。

一之船入と呼ばれた水路は、日本銀行京都支店と押小路《おしこうじ》通との狭間に、高瀬川から西へ逆T字形に延びています。その出入り口のところには、復元された高瀬舟が展示されていました。

高瀬舟は、水量の少ない高瀬川を行き来するために使われた、底が平たくて浅く、舳先《へさき》のせり上がった船です。森鴎外の小説『高瀬舟』にも、京都町奉行配下の同心が、島送りになる罪人を高瀬舟に乗せて夜の高瀬川を下る話が描かれています。しかし目の前の流れは浅く、緩やかで、ほんの百年足らず前まで、人や荷物を積んだ船が往来していたのが信じられないくらいです。

一之船入に浮かぶ高瀬舟

木屋町通と押小路通側には、食べ物屋が何軒も店を構えています。木屋町通の料理屋は鴨川を眺めながら、押小路通の料理屋は一之船入を眺めつつ、食事などを楽しめるため、僕のお気に入りの店もあります。その一軒が、ズバリ「一之船入」という店名の中華料理屋。京風のあっさりした味付けのレベルの高い料理は関西でもトップクラス。木屋町通では「割烹 やました」のカウンターがおすすめです。

押小路通の南側の廣誠院《こうせいいん》は、明治時代の建設業者で、旧薩摩藩士の伊集院兼常が建てたもので、現在は臨済宗の寺院です。京都市によって建物が文化財、庭園が名勝に指定されており、特別拝観のときに見学することができます。

夏目漱石のぼやき

木屋町通から御池通の南側を曲がった御池大橋の手前に、明治の文豪・夏目漱石の句碑があるのを知っている人は少ないと思います。自然石に刻まれた句には、こうあります。

木屋町に　宿をとりて
川向の　御多佳さんに
「春の川を隔て、　男女哉」

御多佳さん……、どこかで聞いた名前ですね。そうです。切通しの項で紹介した祇園白川のお茶屋「大友」の女将です。「大友」には、谷崎潤一郎、吉井勇らとともに、夏目漱石も訪れていました。「川向（こう）」とは、祇園白川のことです。

夏目漱石が、木屋町通と御池通の角にかつてあった旅館「北大嘉」に泊まっていたときに、宿からお多佳さんを思って詠んだのが前記の句でした。

一九一五（大正四）年、上洛して「北大嘉」に宿泊した漱石は、お多佳さんを誘って北野の天神さんへ行く約束をします。というか、約束したと思ったのは漱石だけで、お多佳さんはそうは思っていなかったらしく、その日に、彼女はほかの客と宇治へ出かけてしまいました。

激怒した漱石は、「無責任なことをすると、決して、いいむくいは来ない」とか、「うそを吐くと、今度、京都へ行った時もうつきあわない」などと激しい文面の手紙をお多佳さんに宛てて送っています。お多佳さんは、誘われて「へえ、おおきに」ぐらいはいったかもしれませんが、間違えていけないのは、「おおきに」＝「イエス」ではないことです。むしろ、「おおきに」だけで終わったら、「ノー」の意味合いが強いでしょう。「当日はあいにく用事が……」などとはっきり断って、お客を傷つけたり、その場が気まずい雰囲気にならないよう、「おおきに」とやんわり拒否しているわけです。ですから地元のお客なら普通、「ダメなんだな」と察して、なおもしつこく誘うことはしません。

そこらあたりのニュアンスの判別が京都弁の難しいところで、このときも漱石の誤解だったらしいといわれます。さすがの明治の大文豪も、祇園の女将には勝てなかったということでしょうか。お多佳さんにふられたのがこたえたのかどうかはわかりませんが、漱石が胃潰瘍《いかいよう》で亡くなるのはこの翌年です。

幕末の志士たちの足跡を訪ね歩く

木屋町には、幕末の歴史に関連する史跡が多く残っています。今は京都ホテルオークラとなっている一角は、元の長州藩邸跡。ホテルの南側には、長州藩邸跡を示す石碑や桂小五郎の像があります。

〝維新の三傑〟と称される桂小五郎（木戸孝允）が芸妓・幾松とともに起居したのが、木屋町通を挟んだ向かいにある、現在は料理旅館「幾松」となっている建物です。幾松といたところを新選組に襲われ、床下の抜け道を通って裏の川へ逃れたといわれていますが、その秘密の通路も当時のまま。幾松が小五郎を匿《かくま》った長持ち、つり天井なども現存しており、興味はつきません。百五十年前の歴史の遺構や遺品が、まるで昨日の出来事を物語るかのように、事もなげにそこにある。改めて京都は深いと感じます。

ここで、ちょっと脱線です。先にも少し紹介したように、鴨川の西岸を「みそそぎ川」という細い水路が流れています。京都の夏の風物詩である床（「ゆか」と読む。「とこ」と読まないこと）の下のせせらぎもこの川ですが、桂小五郎が逃げたときにはまだできていませんでした。京都府立医科大学附属病院の裏付近で鴨川から取水され、五条大橋で鴨川に戻る人工水路で、最初につくられたのは大正時代。現在の姿になったのは、一九三五（昭和十）年です。鴨川の水が氾濫し、その治水工事の一環として整備されたもので、このとき、もともとは現在のみそそぎ川の高さだった鴨川の川底を深く掘り下げ、少々の雨でも溢れないようになだめました。

もう一言。木屋町通の東側には、鴨川へと向かって幾本もの路地《ろうじ》が、別世界へ誘うかのごとく口を開けています。幾松の路地《ろうじ》もその一本です。決してドアで締め切られているわけではなく、誰でもが入って行けるように開口されているのですが、鴨川へ抜けられるのか、行き止まりになっているのか。その奥に何があるのかと、ミステリアスなものを感じてしまいます。

路地《ろうじ》の突き当たりは料亭などの建物が建っており、抜け路地《ろうじ》は一本もありません。鴨川に面した窓からは東山を眺望できます。京都は山紫水明処。床が終わった秋に、座敷から眺める錦繍《きんしゅう》の東山の美しさは格別です。

本筋に戻りましょう。「幾松」の前、高瀬川沿いの立て札から、佐久間象山《さくましょうざん》と大村《おおむら》益次郎《ますじろう》がこの付近で暗殺されたことがわかります。佐久間象山は松代藩出身で、幕府に出仕し、開国論を唱えて勝海舟《かつかいしゅう》や吉田松陰《よしだしょういん》、橋本左内《はしもとさない》、河井継之助《かわいつぐのすけ》らに影響を与えた人物です。馬に乗っているところを攘夷派に暗殺されたのが、明治維新の四年前。新時代を見ることのないまま、この世を去らざるを得なかったのは残念無念だったろうと思います。大村益次郎は、司馬遼太郎さんの小説『花神』にも描かれた軍事の天才で、戊辰《ぼしん》戦争で上野の彰義隊《しょうぎたい》との戦いや会津戦争を指揮し、日本陸軍の礎をつくったとされます。一八六九（明治二）年、木屋町三条の旅館で暴漢に襲われ、そのときの傷がもとで大阪の病院で亡くなりました。享年四十六。軍制の整備が道半ばであり、やはり心残りだったことでしょう。

木屋町通をさらに南下し、御池通を越した西手が加賀藩邸でした。次いで、三条通を西へ曲がった先が、一八六四(元治元)年の祇園祭の宵々山の日に、新選組が勤王の志士を襲撃した池田屋事件の舞台となった池田屋旅館のあったところで、碑が立っています。さらに、坂本龍馬が「才谷」の偽名で隠れ家とした材木商・酢屋が現存するのは、三条の一筋南の通称〝龍馬通〟。今も材木商を営んでおり、二階は龍馬の遺品、海援隊の文書などが集めた「ギャラリー龍馬」になっていて、公開されています。龍馬好き、維新好きにははずせないスポットです。その龍馬が中岡慎太郎とともに暗殺されたのが、木屋町通から蛸薬師通を西へ折れ、河原町通を渡った北側の近江屋。中岡慎太郎の寓居も近くにありました。

さらに二人の出身藩である土佐藩の藩邸があったのが、木屋町通に面した旧立誠小学校のあたりです。こうした木屋町通の狭い地域で、幕末から明治にかけて血なまぐさい出来事が相次ぎ、歴史の歯車が回転した。その軋《きし》みが聞こえるような通りです。

町あるきメモ

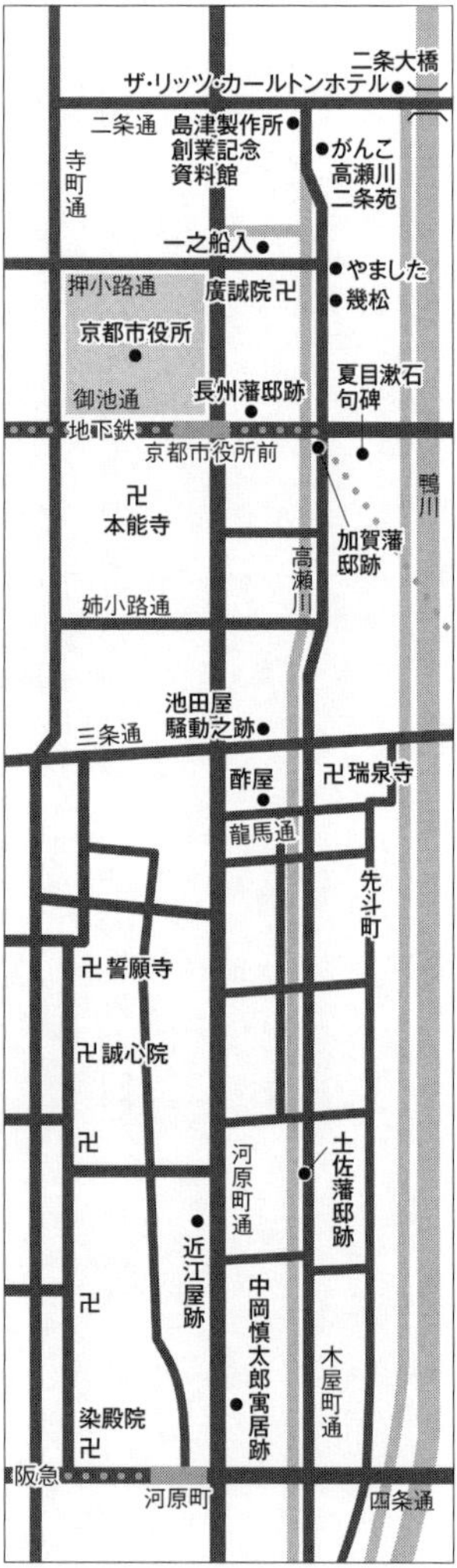

《その他の観光スポット》

●島津製作所 創業記念資料館

島津製作所の創業百年を記念し、創業地に建てられた博物館。国産最古の顕微鏡や初期の医療用Ｘ《エックス》線装置のほか、さまざまな実験道具、資料など、日本の近代科学技術の発展過程が一覧できる。創業当時、島津の住居兼研究所として使われていた建物自体も見応えあり。

◉瑞泉寺《ずいせんじ》

豊臣秀吉の養子・秀次は謀反の疑いをかけられ自害、その妻子三十九名も全員三条河原で処刑され、その場に埋葬された。後年、角倉了以が高瀬川を開削する際にその塚を発見し、哀れに思い、菩提を弔うために建立したと伝わる。

◉本能寺

一四一五（応永二十二）年に創建され、本能寺の変により焼失。一五九一（天正十九）年、秀吉の命により現在地に移転。織田信長所蔵の茶道具類や書状、狩野直信の屏風などを収める宝物館もぜひ見ておきたい。

◉誓願寺《せいがんじ》

京都随一の繁華街・新京極通に面して建つ浄土宗西山深草派の総本山。天智天皇の勅願により奈良で創建されたと伝わり、再三の移転ののち、一五九一（天正十九）年、秀吉により現在地へ移転。清少納言、和泉式部の出家・往生にかかわったことから「女人往生の寺」とも称されるほか、技芸上達、探し物にご利益があるとされる。

一条通（烏丸〜堀川）

一条通は、平安京の北端の一条大路にあたり、これより北は洛外でした。道幅が十二丈あったといいますから、三十六メートルほど。今の一条通からは想像もできない広さです。平安期には、町尻小路（現新町通）に摂関家の一つである一条殿の屋敷があり、通りには祭行列などを見物するための桟敷《さじき》が設けられたというのも、この道幅ならうなずけます。平安京というのは、素晴しい都市計画の元につくられたのですね。

一条殿以外にも、付近には革堂《こうどう》、真如堂などの寺院があったことが、「一条殿町」のほか、「革堂町」「元真如堂町」などの町名からうかがえます。

中世の室町期に、二条通を境にして北が上京、南が下京に分かれると、上京の中心地で、人通りの多い一条室町の交差点付近に、高札や町触れが掲げられ、「一条札の辻」と呼ばれるようになりました。また、里程の起点が三条大橋となる江戸時代前半までは、ここが京都の道路の起点であったとされ、道標も立っていたようです。

戦国期の公家である山科言継《やましなときつぐ》の日記『言継卿記』には、一五三四（天文三）年ごろには、すでに御所の西側の一条通から南の中立売通にかけて「禁裏六丁町」が形成され、禁裏へ清掃、警護などの労力奉仕をしたり、医師、食料品などの御用をつかさどる人々が住んでいたことが記されています。和菓子の「虎屋《とらや》」や西京《さいきょう》味噌の「本田味噌」は、今も残る禁裏御用を勤めた店です。

なお一条通といえば、京大生にもっとも身近な道、鴨川から東に伸び吉田参道とも呼ばれる東一条通があります。こちらは、平安京にはなかった洛外の道路で、一条通の延長より南にあるのに「東一条」と名づけられたのは、語呂がいいからでしょうか。

「とらや」で本田味噌の西京味噌を使った京都限定商品を買う

烏丸通と一条通の角に、高級和菓子店の代名詞ともいえる「とらや」があります。室町後期創業で、後陽成《ごようぜい》天皇の在位中（一五八六～一六一一年）ごろから禁裏に出入りするようになった歴史を持つ老舗です。明治維新後の一八六九（明治二）年、東京遷都に伴って天皇が東京へ下向した際、御所御用の菓子司として、京都の店はそのま

虎屋菓寮の美しい庭園

まに、東京に出店しました。今では、東京の皆さんは何か大切なことがあると、必ずといっていいほどとらやの羊羹を手みやげにします。「京都って信頼感があるんやなあ」と、思わずニヤッとする瞬間です。

　京都一条店は立ち寄ったことがなかったので、中に入ってみることにしました。二〇〇九年に改装された明るい店舗には、定番の羊羹や干菓子、生菓子、焼き菓子などのほか、京都一条店にしかない商品も販売されています。真っ先に目についたのは、白味噌入りの小形羊羹でした。近くの本田味噌本店の西京白味噌を使用した羊羹で、商品名はずばり「白味噌」。そのまろやかな味わいが楽しめると勧められ、土産に買って帰ることにしました。個人的にはもっと味噌味をきかせたほうが好みですが、東京にないものをわざわざそろえておくのは上手なところです。

「とらや」から一条通を歩き出してすぐの北側に、虎屋菓寮京都一条店がありました。とらやの和菓子と抹茶だけでなく、あんみつ、かき氷なども食べられる甘味処です。店の裏手が池のある庭になっています。店も、ギャラリーも、菓寮も、高知の牧野富太郎記念館などを手がけた建築家の内藤廣氏が設計されたもの。水路の水が溢れないぎりぎりのところで水平に保たれているなど、至るところに一流の職人の技が活かされているのを見て、感心しました。心が落ちつく、素晴しい喫茶です。

虎屋菓寮に隣接してギャラリーを開設し、漆器の菓子入れや茶道具、工芸品、近くに邸宅のあった明治期の文人画家・富岡鉄斎《とみおかてっさい》の作品などの所蔵品を展示する期間もあります。時間があれば、こちらもぜひ。

本田味噌本店で「西京味噌」の由来を知る

室町通の角に出ました。一条札の辻です。北へ折れると、先ほどの羊羹「白味噌」に使用されている西京味噌のお店、本田味噌本店の正面。こちらは虫籠窓に千本格子の昔ながらの町家で、丸に「丹」の字の大きな暖簾がかかっていました。

本田味噌本店の専務取締役の本田純也さんに話を伺うと、創業は江戸時代の天保元年。西暦でいえば、フランスで七月革命が起きた一八三〇年。僕の大好きなドラクロワの名画「民衆を率いる自由の女神」に描かれている革命です。その年に初代・丹波屋茂助が麹づくりの技を見込まれ、宮中へ料理用味噌を献上したとのこと。なるほど、これで暖簾の「丹」の字の謎も解けました。

本田味噌は、白味噌の「西京味噌」で知られています。この「西京」は京都の西のほうを表しているものと思い込んでいたら、さにあらず。明治維新時に江戸を「東京」と呼ぶようになり、東の京に対して、京都を西の京、すなわち「西京」とも呼んだことから「西京味噌」と命名されたとの話でした。

京都の雑煮は、白味噌仕立てです。丸い煮餅に、頭《かしら》いも、祝い大根、花鰹などを入れた雑煮。たっぷり使うこの白味噌の良し悪しが雑煮の味の決め手になるだけに、本田味噌本店でも正月前には、西京味噌を買い求めるお客で大忙しになるそうです。

店内を見ていると、西京味噌をベースにしつつ、いろいろな新しい商品を出されていました。味噌の他、熱いご飯や酒のアテなどにぴったりだという「あて味噌」という商品など、ご飯好き、酒好きとしては、大いに食指を動かされる味噌でした。

近代的な一条戻橋なのに、伝説はいっぱい

本田味噌本店を後にして、少し北へ上がり、武者小路《むしゃのこうじ》通を西へ向かうことにしました。新町通角の霊光殿天満宮を越した先に、取材で伺ったことのある武者小路千家《せんけ》官休庵《かんきゅうあん》の屋敷が落ち着いたたたずまいを見せています。予約すれば、見学できるとのこと。そういえば、初めて自分で点《た》てたお茶を飲んでいただいたのがお家元千宗守さんだったことを思い出しました。あのテレビ番組の取材のときも車で門の前まで乗りつけ、全くこのあたりを歩きませんでした。

官休庵から西洞院通を通って再び一条通に戻り、西へさらに歩を進めます。茶道や焼き物に興味のある人は、油小路通を南へ入ったところの樂《らく》美術館を訪ねるとよいでしょう。樂家は千家十職の一つである茶碗師。中国明時代の三彩陶《さんさいとう》にルーツを持つ樂焼の技術を、秀吉の時代から四百年以上にわたって伝承されてきました。美術館には、歴代樂家の作品を中心に、樂家に伝わった茶道工芸美術品、関係古文書などが展示・公開されています。

ところで、僕も一員の燦燦会《さんさんかい》（昭和三十三年生まれのグループ）のメンバーに大樋《おおひ》年雄《としお》という大樋焼の十一代目を継ぐことになる陶芸家がいます。この大樋焼の初代長左衛門が樂家四代一入《いちにゅう》の門人だった人。加賀藩五代藩主の招きで石川県にやってきて、大樋村に樂焼に合った土を見つけ、窯を据えたのが始まりだとのことです。つまり、大樋焼は樂家の流れを汲むわけで、その一入の作品も美術館で見ることができます。

一条通をさらに西へ行き、堀川に架かる橋が「一条戻橋《もどりばし》」です。長さ六～七メートルの小さな橋ながら、一条戻橋にはいろいろな伝承が伝わります。

九一八（延喜十八）年十二月、三善清行《みよしきよゆき》という高名な漢学者が亡くなりました。その葬列がちょうど一条戻橋に差しかかったときに、修行中だった熊野から駆け戻ってきた息子の浄蔵が出会い、父の棺に取りすがって神仏に祈ったところ、雷鳴が鳴って清行が一時的に生き返り、父子で抱き合った。『撰集抄』巻七に載っているこの感動的な話が「一条戻橋」という名称のいわれですが、僕が聞いたことがあるのは、源頼光の四天王の一人、渡辺綱《わたなべのつな》の鬼の話です。

渡辺綱が馬で夜中にこの橋のたもとを通りかかったときに、絶世の美女が一人立っていて、家まで送ってほしいと頼まれます。「なんでこんな夜中に女性が一人でいるのか」と怪訝《けげん》に思いながらも、馬に乗せたところ、美女はたちまち鬼に姿を変えて、渡辺綱を掴んで愛宕山のほうへ飛んでいこうとしました。綱は太刀で鬼の腕を切り落として難を逃れ、その腕を大阪の家に隠しておいたのですが、母に化けた鬼に騙されて腕を取り返されてしまうという物語。こちらは『平家物語』に出てきます。

また、すぐ近くの晴明《せいめい》神社に祀られる陰陽師《おんみょうじ》・安倍晴明《あべのせいめい》は、式神として十二神将を使っていましたが、妻がその恐ろしい姿におびえたため、一条戻橋の下に隠し、必要なときに呼び寄せていたという話が載っているのは『源平盛衰記《じょうすい》』です。戦国時代、三好長慶《みよしながよし》の家臣が密通の罪で鋸挽《のこぎりひ》きの処刑にされたとか、千利休の首がこの橋にさらされたとか、血なまぐさい歴史的出来事もいろいろとあります。

「戻橋」という名称から、「嫁入り前の娘は歩かせるな」、逆に、出征する息子や旅に出る子どもは、無事に帰ってくるように歩かせたなどという言い伝えが、京都にはあるようです。でも、そのわりに、目の前の橋は、一九九五年に新しく架け直されたコンクリート製の、どこにでもある平凡な橋でした。取り壊された前の橋の欄干や石柱などが、晴明神社に保存されているというので、そちらへ向かうことに。

晴明神社で神秘な力を感じる

晴明神社は、一〇〇七（寛弘四）年、平安時代の陰陽師・安倍晴明を祀るために一条天皇の勅使によって建てられたもの。以前は寂れた神社でしたが、夢枕獏《ゆめまくらばく》さんの

晴明神社内に再現された一条戻橋

小説『陰陽師』と、それを元にした映画やマンガで一躍ブームになりました。五芒星《ごぼうせい》の紋の入った鳥居をくぐり、境内に入ると、石畳の続きに小さな橋が！　これが、架け替えられる前の一条戻橋の橋材の一部を利用し縮小された再生版。橋の左右の石柱には、「一條」と「戻橋」に分けて刻まれ、現況の戻橋よりは、こちらのほうがはるかに風情を残しています。

　京都は戦乱や処刑などで、ものすごい数の人間が殺されています。長い歴史の積み重ねの中で、京都ほど不慮の死を遂げている人間の多い都市はないのではないでしょうか。その恨み・つらみが怨霊となって残っているのが京都という町で、霊感などを持ち合わせている人は、場所によってそういうものを感じるといいます。寺院や神社がこれだけあちこちつくられたのも、その怨霊を鎮めるためだ、ということを腹中に置いて、京都の街は歩いたほうがいいのかもしれませんね。

町あるきメモ

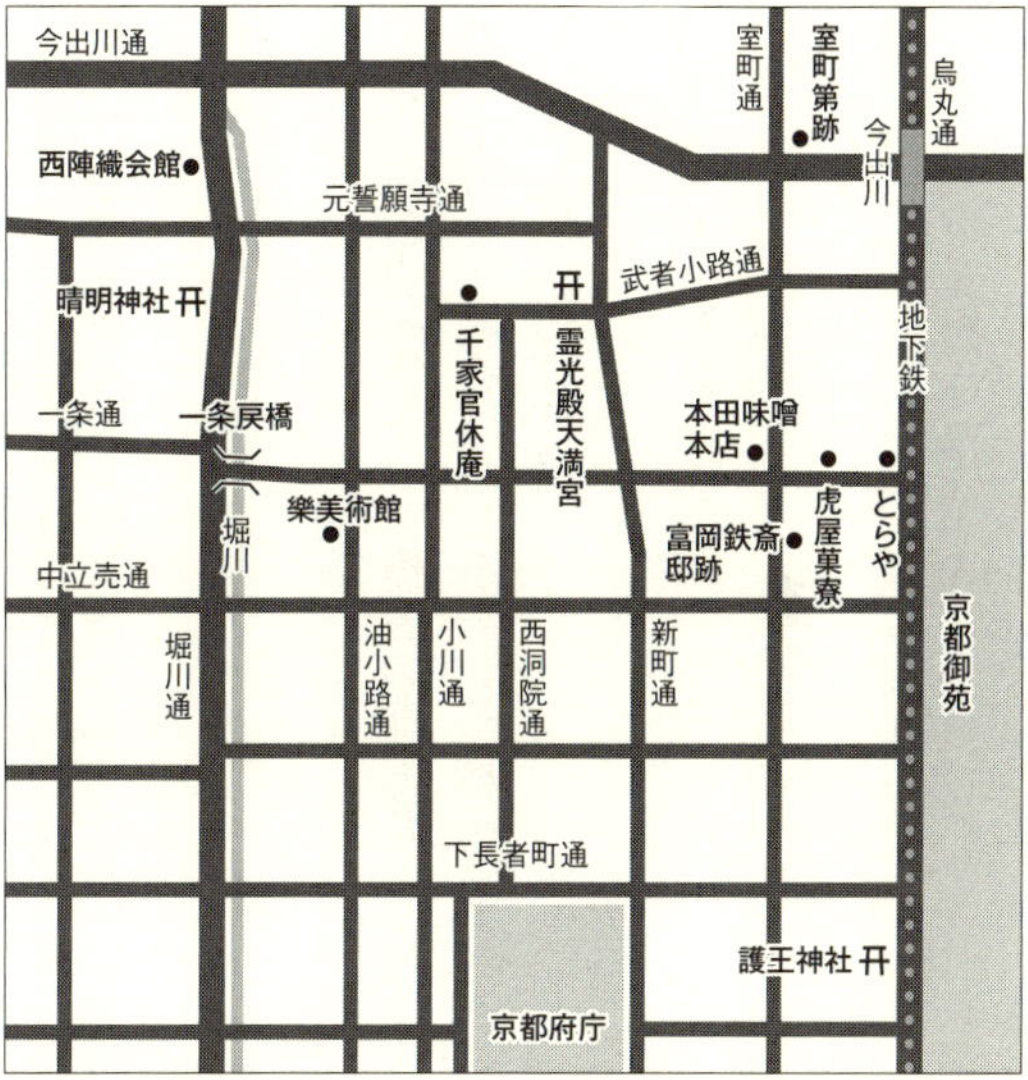

《その他の観光スポット》

◉京都御苑

江戸時代には二百もの宮家や公家の邸宅が立ち並んだが、明治になって邸宅は取り除かれ、今は北は今出川通から南は丸太町通、東は寺町通から西は烏丸通に囲まれた広大な国民公園。芝生地や公園、梅園やグラウンドが整備され、市民の憩いの場となっている。京都御所と仙洞御所などは申し込みのうえ見学。

◉西陣織会館

着物や十二単の着付け体験やミ

ニ手織り機による手織り体験（要予約）、着物ショーの見学、着物コレクションの鑑賞などができる西陣織の総合PR館。職人による実演の見学や、西陣織製品の展示・販売もある。

◉護王《ごおう》神社

京都御苑の西側、蛤御門を出たところにある神社。平安遷都に貢献した和気清麻呂《わけのきよまろ》とその姉和気広虫《ひろむし》を祀る。清麻呂の難を救った猪《いのしし》にちなみ、狛猪や、絵馬やお守りに猪があしらわれるほか、猪のコレクションも展示されており「猪神社」としても親しまれる。足腰の病気・怪我回復にご利益あり。

小川通《おがわ》

（今出川～寺之内）

樂美術館から油小路通をさらに北へ進むと元誓願寺《もとせいがんじ》通を過ぎ、今出川通に出ます。その交差点の北西に建つ白峯《しらみね》神宮は、一八六八（明治元）年創建と比較的新しいながら、祀られているのは、第四章の春日上通の積善院で紹介した崇徳上皇の霊です。讃岐の地で「日本国の大魔王になって復讐してやる」と言い残して、一一六四（長寛二）年に憤死した崇徳上皇の怨霊を鎮めるために、明治天皇は即位にあたって白峯神宮を建立し、讃岐より上皇の霊を移して祀ったのでした。七百年余りが経ってようやく、上皇の魂は懐かしい京都へ戻ってくることができたのです。怨霊も鎮まったのか、境内は穏やかに静まり返っていました。

白峯神宮の境内はもともと蹴鞠《けまり》の宗家・飛鳥井《あすかい》家の別邸の跡で、今も四月の春季例大祭では蹴鞠の奉納が行われ、末社の地主社では蹴鞠の神様を祀っています。その関係で球技の神様として、野球やサッカーなどの関係者がお参りに訪れるとのこと。

油小路通の一筋東のやや広い道が小川通。豊臣秀吉によって新たにつくられた道で、通り名は昭和時代の後期まで上立売通から一条通の北側を経て堀川に注いでいた「小《こ》川《かわ》」という小さな川に由来するそうです。

小川通のユニークなところは、真っ直ぐに北へ抜けられるのではなく、上立売通と寺之内《てらのうち》通でそれぞれ左へクランク、いわば階段状になって続いていること。寺之内通はその名からもわかるとおり、宝鏡寺などのお寺が連なる通りです。

宝鏡寺は通称人形寺と呼ばれる尼門跡寺院。京都人はいらなくなった人形をここへ持ってきて供養・処分してもらうそうです。有職故実《ゆうそくこじつ》の雛人形など日本全国の人形が飾られているほか、書院、庭なども拝観できます。また、第二章で紹介した島原・輪違屋の太夫が三月、ここで舞と音曲、さらに太夫道中を披露することでも知られており、その日に合わせてこのあたりを散策するのも一つのプランです。

百々橋礎石から応仁の乱を想像する

寺之内通から小川通へ足を踏み入れたすぐのところに、目につきにくいですが、「百々橋《どどばし》の礎石」という案内札が石の傍に立っています。

百々橋は、南北に流れていた小川に架かる橋でした。一四六七（応仁元）年から一四七七（文明九）年まで十年続いた応仁の乱で、東軍の細川勝元《ほそかわかつもと》と西軍の山名宗全《やまなそうぜん》がこの橋を隔ててしばしば合戦を行ったと説明にあります。橋の全長が約七・四メートル、幅が約四メートル。小川といっても、馬で簡単に飛び越えられる川幅ではなかったのでしょう。そこで、さして広くない百々橋が合戦上の重要な戦略拠点となり、東西両軍が橋の上で衝突を繰り返したのでしょうか。

川の西側が「西陣」という地名になったのは、このあたりにあった山名宗全の屋敷に西軍が陣地を構えたことによるものです。他方、東軍が陣を構えたのは、室町通で紹介した室町第（花の御所）を中心とする、南北が一条通と寺之内通、東西が烏丸通と小川通の範囲です。土塁と堀で囲み、「御構《おんかまえ》」と称されましたが、「東陣」という地名は残らずじまいでした。

百々橋はもともと木橋だったのが近世に石橋に付け替えられ、さらに一九六三（昭和三十八）年にここを流れていた小川が埋め立てられた際、橋も解体されました。そして、四つの礎石のうちの一つが、百々橋を偲ぶ遺構として置かれたものです。ちょうど高度成長期で、生活の利便性や経済的な理由で埋め立てられたのかどうかは知りませんが、川と橋を残しておけば、応仁の乱で東西陣営が睨み合った距離感や周囲の状況などがわかりやすかったのに……残念でなりません。

裏千家今日庵の前で亡き伊住政和さんを偲ぶ

小川通沿いには、表千家不審庵《ふしんあん》と裏千家今日庵《こんにちあん》が門を構えています。千利休が豊臣秀吉の勘気に触れて切腹させられたあと、継子である少庵宗淳《しょうあんそうじゅん》に再興を許され、現在地に復興したのが不審庵です。三代宗旦《そうたん》が、不審庵を三男宗左《そうさ》に譲り、その少し北に今日庵を建てて、こちらを四男宗室《そうしつ》に継がせます。これが表千家、裏千家の起こりで、さらに、二男の宗守が武者小路千家を建て、今出川通の南に官休庵を設けました。

お茶といえば、NHKテレビの「趣味悠々」の枠で、「『茶の湯』はじめての茶会・客の心得」という番組に出演したことを必ず思い出します。一九九八年十一月から八回放映された、NHK京都放送局制作の番組で、今は故人となられた裏千家の伊住政《いずみまさ》和《かず》（宗晃《そうこう》）さんが講師役。伊住さんとのご縁はその何年か前、共通の知人の出版パーティーで顔を合わせたのが始まり。

同い年の生まれということで親しくなり、その後、毎年裏千家の初釜に招待されています。伊住さんは裏千家家元・千宗室氏の弟。あまり物怖じしない僕ですが、さすがに茶道の心得がなく、初釜なんてそんな晴れがましい席に出るのはためらわれたのですが、「辰巳さんが気詰まりな思いをされるとしたら、招待した僕のせいです」と優しい笑顔で言われ、喜んで出席させていただくことに。伊住さんは、お茶は、作法云々よりも、亭主と客がゆったりと心から寛いでひとときを過ごすことが重要である、とさりげなく教えてくださったのです。

表千家（上）と裏千家（下）の
重厚な門構えが並ぶ

番組の中ではお茶の世界の敷居を下げるという趣旨で、僕は作法にこだわらず、あぐらをかくなど、伊住さんと二人で新しい試みに挑戦しました。客になったらどうするのかは、お茶の心得のない人には戸惑うばかりです。しかし、そういう客に恥をかかさないよう、誘った人がちゃんとフォローしてあげるのが茶道の精神だということも、番組を通して伊住さんに話していただきました。

伊住さんは燦燦会という昭和三十三年生まれの会の幹事長でいわば創立者です。会長は月桂冠の大倉治彦社長。僕もメンバーの一人として仲良くさせていただいていましたが、二〇〇三年二月、病で急逝されました。友人としてはもちろん大きな悲しみでしたが、それ以上に京都にとって、いえ、日本という国にとっても大きな損失だったと思います。

不審庵や今日庵は一般公開されていませんが、茶道資料館では茶道具などの企画展示会が随時催されており、お茶のお点前の体験もできます。小川通まで来たなら、立ち寄ってみる価値のあるところです。

本阿弥光悦ゆかりの本法寺を訪ねる

不審庵、今日庵の向かいに、広大な寺院の境内が見えました。日蓮宗本山の本法寺《ほんぽうじ》で、正面は堀川通。小川通にあるのは裏門です。参道の脇には、紫陽花が咲き誇っていました。本法寺は、一四三六（永享八）年、巷間に「鍋かぶり上人」と称された日親上人が東洞院《ひがしのとういん》通綾小路に開創したものです。「鍋かぶり」とは、時の将軍・足利義教に「禅を捨てよ」と説いて逆鱗《げきりん》に触れ、頭から焼鍋をかぶせられるという刑罰を受けたことを指し、それでも持論を曲げなかった日親上人に感動して帰依したのが、本《ほん》阿弥光悦《あみこうえつ》の曾祖父でした。

以来、本阿弥家では代々、何度も打ち壊しや火災に遭った本法寺の再興に力を貸し、現在の書院に面した枯山水の庭園は、本阿弥光悦の作とされています。巴形の三つの島が配されていることから「三つ巴の庭」と呼ばれ、中庭の井戸脇に置かれた長方形の手水鉢《ちょうずばち》は、光悦遺愛だとの話です。書院に座り、庭を見つめていると、あくせくしていた心が穏やかになっていきます。

ここはまた、知る人ぞ知る隠れた桜の名所だそうです。今度はその季節に訪れたいと思いました。不審庵、今日庵の東には、尾形光琳《おがたこうりん》とその弟の乾山《けんざん》ゆかりの妙顕寺《みょうけんじ》があり、光琳作の庭など、こちらも見どころ満載で、足を延ばしたいところです。さらに、上御霊前通を越したところの妙覚寺は、本能寺の変で長男の織田信忠が宿泊していた寺で、明智軍のために焼失し、翌年（一五八三年）に現在地へ移ってきました。茶道関係以外にもたいへん充実した区域。またゆっくり散策したいものです。

町あるきメモ

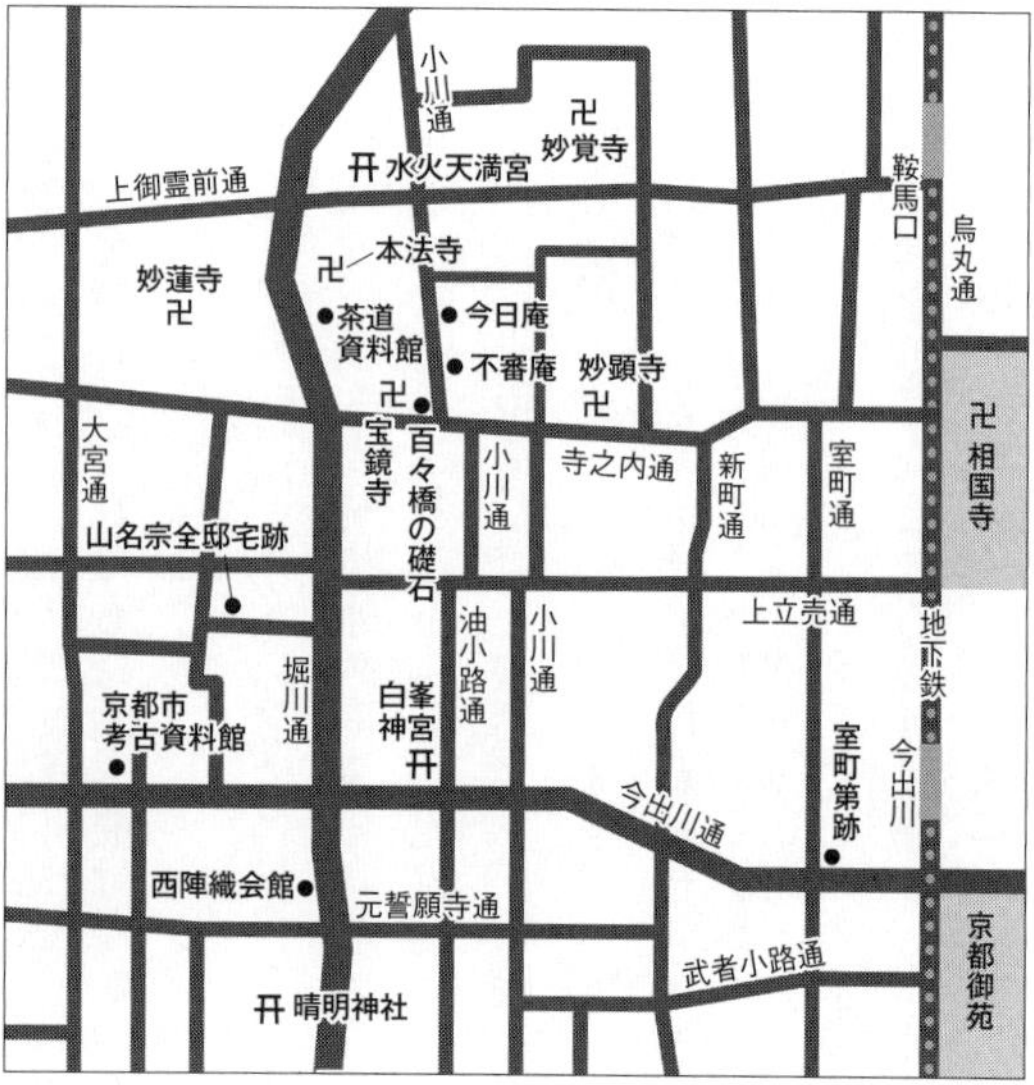

《その他の観光スポット》

●相国寺《しょうこくじ》

室町三代将軍足利義満が創建を発願し、夢窓国師《むそうこくし》を開山とする臨済宗相国寺派大本山。豊臣秀頼寄進の法堂《はっとう》天井には狩野光信筆の蟠龍《ばんりゅう》図が描かれ、「鳴き龍」として知られる。山外塔頭として鹿苑寺（金閣寺）と慈照寺（銀閣寺）を抱え、境内にある承天閣《じょうてんかく》美術館ではそれらの寺院の寺宝も見ることができる。

●京都市考古資料館

京都市の発掘調査で出土した考

古資料のうち、約七百点を時代別に展示。先土器時代から江戸時代に至る京都の歴史を写真やイラスト、レプリカを活用し、各時代の暮らしをわかりやすく解説する。実際の出土品に直接手を触れられるコーナーもある。

◉水火《すいか》天満宮

九二三（延長元）年、都に続く水害・火災を鎮めるため、醍醐天皇の勅願により菅原道真を勧請し、建立。道真を初めて勧請し、「天神宮」の名を勅許されたことから「日本最初の天満宮」とされる。水難火難除けの神として知られ、春は枝垂れ桜が美しい。

◉妙蓮寺

鎌倉時代、日蓮の孫弟子・日像により開基された本門法華宗の大本山。長谷川等伯《はせがわとうはく》一派の障壁画、松尾社一切経など多くの文化財を所蔵するほか、「十六羅漢石庭」と呼ばれる観賞式石庭も楽しめる。十月中旬ごろから翌年の四月ごろまで花をつける御会式桜《おえしきざくら》、冬から春にかけては寺の名を関した妙蓮寺椿、八月から十月は芙蓉や酔芙蓉《ふよう》が境内を彩る。

坊条通（四条～五条）

四条大宮からぶらぶら西へ行き、二つめの信号の角、古い神社の立つ南北の道が坊条通です。平安京では朱雀大路《すざくおおじ》（千本通）より一本東の道で、かつての坊条小路にあたります。

北行き一方通行の道を、四条から逆行して行くと、「カーンカーンカーンカーン」と踏み切りの警報音が……。遮断機が下り、四条大宮、白梅町《はくばいちょう》と嵐山を結ぶ京福電車が、ガタゴトと目の前を通過していきました。電車といっても、一両だけの車両です。

東京にいても、大阪にいても、電車の線路が高架化されたり、地下にもぐるなどして、最近は踏み切りの警報音を耳にしなくなりました。安全性や合理性を考えるならそのほうがよいのでしょうが、昭和を生きてきた者には、踏み切りの警報音に妙に郷愁を感じてしまうのです。

踏切の警報器の音を聞きながら大福をいただく

京福電車はもともと京都と福井の両方に鉄路を持つ、総延長もかなり長い鉄道会社でしたが、赤字がかさみ経営の合理化のために分割・売却・廃線などを繰り返し、説明するのは骨が折れます。昔のように出町柳から八瀬・鞍馬・貴船へ行くのを叡電、こちらの嵐山へ行く電車を「嵐電《らんでん》」と呼ぶのがわかりやすいでしょう。桜や紅葉の季節など観光シーズンに嵐山へ行くには、車より嵐電が断然早くて便利です。車で行くと渋滞に巻き込まれ、駐車場を探すのにも一苦労するのですが、嵐電なら四条大宮から嵐山駅まで二十二分、運賃二百十円で連れていってくれます。降りた目の前が天龍寺で、左に行けば渡月橋。多少混雑したとしても、辛抱できる時間と金額だと思います。

市内の北からなら、西大路通と今出川通の交差点にある北野白梅町駅から北野線を利用すれば、帷子《かたびら》ノ辻《つじ》駅で本線と連絡します。沿線には、蚕《かいこ》ノ社《やしろ》、太秦広隆寺《うずまさこうりゅうじ》、映画村、車折《くるまざき》神社、鹿王院《ろくおういん》など魅力的なスポットが多々あり、途中下車して周辺を散策するのもおすすめです。

その嵐電の踏み切りを渡った先にある、幸福堂という和菓子屋で一服しました。よもぎ大福があまりにもおいしそうだったからです。椅子に座り、お茶を飲みながら大福を食している と、横の人が食している金つばがいかにもうまそうで、思わずその「芋きん」というサツマイモあんの金つばも注文してしまいました。

根っからの京都の人は、まんじゅうを「おまん」と縮めて表現。幸福堂では場所柄か、新選組にあやかった「誠」のおまんも発売されていました。お店の人とのんびり世間話をしていると、またも踏み切りの警報器の音が……。昼の日中、「カーンカーンカーンカーン」という音を聞きながら、おまんとお茶をいただく。最高に贅沢なひとときでした。

梛神社はなぜ「元祇園社」と呼ばれるのか

少し戻って、四条通からの坊城通への入り口のところに鎮座する「元祇園 梛《なぎ》神社」に寄りました。不思議なことに、似た形の社殿が二つ並んでいます。左が梛神社、右が隼《はやぶさ》神社です。それぞれ祀っている神様も違いますが、もともと梛神社があったところに、一九二〇（大正九）年、朱雀院内の式内大社だった隼神社が遷座されたことによります。

梛神社は貞観年間（八五九年～八七七年）、都に流行した悪疫退治のため、播磨国《はりま》から牛頭天王を祭神として東山八坂に迎えたときに、いったんこの地の梛の森に神霊を祀ったのが起こりだそうです。その神霊を八坂に移す際、住民が花飾りの風流傘を立て、棒を振って楽を奏しながら送ったのが祇園祭の傘鉾の起源とされ、「元祇園社」と称されるようになりました。五月の大祭では、少年勤王隊、獅子舞、花傘のほか、祇園祭の原型のような鉾を台車に乗せた行列が見られるそうです。

ここで梛について『広辞苑』で調べると、マキ科の常緑の高木で、熊野地方などではご神木とされ、古くは鏡の裏や守り袋に入れたとあります。ここ梛神社も、疫病除けの神様として地元では信仰されているとのことでした。

〝壬生狼《みぶろ》〟と恐れられた新選組の片りんをたどる

壬生は「水生」とも書かれ、元は地下水位の高い湿地帯だったそうです。京野菜の一つ・壬生菜は水菜の変種。その名のとおり壬生が原産地で、主に漬物に使われます。こののどかな農村であった壬生村に、江戸から清河八郎《きよかわはちろう》率いる浪士組が到着したのは、一八六三（文久三）年の春でした。

刀傷などが残る八木邸

浪士組が本部を置いたのは、壬生寺の北斜め前にある新徳寺の本堂。清河はここで有名な尊王攘夷の大演説を行い、浪士組は江戸へ戻る派と、京都に残る芹沢鴨、近藤勇、土方歳三らの派とに分かれます。このとき京都残留を決めたのは、綾小路通を越えたところの八木邸などに宿泊していた芹沢鴨、近藤勇、土方歳三、新見錦、山南敬助、沖田総司、原田佐之助、藤堂平助、野口健司、井上源三郎、平山五郎、平間重助、永倉新八の十三名です。

彼らは新選組（当初は壬生浪士組）を結成。京都守護職松平容保《まつだいらかたもり》のお預かりとなり、八木邸に屯所を置きました。芹沢鴨、近藤勇、新見錦の三名が局長、副長には土方歳三、山南敬助が就きます。このときから西本願寺太鼓楼へ移るまでの足かけ三年間、「壬生」は新選組の活動拠点となりました。その足跡を見て歩きましょう。

幸福堂の先に八木邸があり、綾小路通を左折した場所には隊士らが寝起きした旧前川邸があります。八木家は壬生村の郷士で、当代当主の源之丞が新選組に表の一部を貸しました。表玄関を入ると中の間、その奥に庭に面する奥の間があり、局長の芹沢鴨はそこで起居していました。芹沢鴨らが島原の角屋でしこたま飲んで酔いつぶれていたところを、近藤勇、土方歳三の指示で新選組隊士によって暗殺されたのもこの部屋です。隣の部屋の鴨居には、そのときについたとされる刀傷が残っています。一般公開されていますので、ご覧になった方も多いでしょう。

他方、旧前川邸は現在、個人の住まいとなっており、屋敷内は非公開です。ただし、土曜と日曜、祝日のみ、玄関先で新選組関連のグッズを販売しており、中を覗き見ることができます。門のところには、昔の屋敷の図も展示されており、それによると、この玄関が、隊士たちの行き来した当時の勝手口であることがわかりました。雨の日には剣術の練習にも使われたといいます。

平屋建ての屋敷は建坪が二百七十三坪。部屋数が十二間あり、東と西の二つの蔵がありました。古高俊太郎の拷問が行われたのはこのうちの東の蔵で、古高の動きから尊皇攘夷派の志士による不穏な動きを察知した近藤らは、三条通木屋町の池田屋旅館へと出撃していきました。他にも山南敬助、野口健司らが切腹した間や、刀傷など、当時の旧前川邸の生々しい姿も、見取り図から読み取れます。

八木邸から南へ下がった壬生寺は、隊士らが朝早くから素振りなど剣術の稽古をした場所です。二月三日の節分の狂言で知られ、京都の人には、新選組関連というより、壬生狂言の寺として認知されていましたが、昨今の新選組ブームでだいぶ変わってきたようです。

壬生寺の「壬生塚」は、芹沢鴨ら新選組隊士十一人の墓のほか、近藤勇の遺髪供養塔や胸像など新選組関連の史跡を集めた場所です。山内の一角がきれいに整備され、かつては誰もがお参りに行けたオープンな場所であったのですが、通行料が必要になっていました。それだけ新選組ファンが押しかけるからでしょう。おさい銭みたいなものですね。かくいう僕の娘も新選組の、とりわけ土方歳三のファン。自ら「ミーハーソプラノ」と名乗っているほどです。

壬生寺の向かいの新徳寺は、いわば新選組の出発点となった寺院ですが、残念ながら一般公開されていず、拝観することはできません。

綾小路通を旧前川邸から東へ行った光縁寺には、切腹させられた新選組副長・山南敬助の墓があります。山南家の「丸に右離れ三つ葉立ち葵」の家紋が、偶然にも光縁寺の家紋と同じことから親しくなり、その縁でここの墓地に埋葬されたといわれます。山南敬助以外にも、非業の死を遂げた隊士たちの墓があり、沖田総司の恋人かと噂される墓もありますが、基本的に見学はできません。ただ、供養料を支払えば、お墓に参拝できます。

坊城通を五条通から南へ行くと、新選組フリークの館長が運営する「新撰組記念館」があります。築百年以上は経つ町家の自宅を改造した個人博物館で、館内は、近藤勇、土方歳三を筆頭に主立った隊士らの紹介パネルや、今では絶版の新選組に関する貴重な書籍・資料などが蒐集されています。館長の説明を聞けば、新選組や京都の歴史にも詳しくなること間違いなしです。

「京都 清宗根付館」で根付を鑑賞する

新徳寺の南隣に建つ立派な屋敷には、「京都 清宗《せいしゅう》根付館《ねつけかん》」の看板がかかっています。ここは京都の大手印刷会社の会長・木下宗昭氏が設立・運営する根付専門の美術館で、二〇〇七（平成十九）年秋にオープンしました。

江戸時代、印籠や煙草入れ、巾着などの提げ物は紐を帯に挟んでいましたが、それらが落ちたり、紛失したりしないよう、紐の片方の先に留め具として取り付けられていたのが文字通り「根付」。象牙、鹿の角、木、陶磁器、漆などの素材に、人物や動物・鳥類・魚介・虫などが精巧に彫刻され、まさに日本を代表する美術工芸品です。拡大鏡で見ないとよくわからないほど細かな細工のものもあり、江戸時代に、ここまで精緻な技術が発達していたことに感心させられます。

根付は好事家の間では知られていても、一般の人は大人でも、若い人でもあまり知らないでしょう。清宗根付館には四千点を超えるコレクションが蔵されており、芸術品としての根付の一端にふれることができます。さらに素晴らしいのは、江戸以来の根付の技を継承する現在の根付作家の作品も買い求め、その育成を支援されていることです。また、建物は壬生郷士の神先家の住宅として江戸時代後期に建てられたもとのことで、京都市指定有形文化財に登録されています。根付鑑賞がてら、建物の内部を見て歩くだけでも一見の価値がある、おすすめのスポットです。

町あるきメモ

《その他の観光スポット》

●古代友禅苑

京都で初めて友禅染めの体験工房を始めた施設。四季折々の着物の展示や手描き友禅の実演が見学できるほか、五十種類以上の模様と、Tシャツ、ハンカチ、風呂敷などの素材のなかから好きなものを選んで型染が体験できる。

割烹 やました
京都市中京区木屋町通二条下ル
上樵木町491-3
TEL ／ 075-256-4506
営業時間／ 11：30～13：30、16：00～22：00、※夏期は17：00～23：00
定休日／月曜
【本文p.175】

とらや 京都一条店
京都市上京区烏丸通一条角
広橋殿町415
TEL ／ 075-441-3111
営業時間／平日 9：00～19：00、土・日・祝 9：00～18：00
定休日／不定休
【本文p.185】

虎屋菓寮 京都一条店
京都市上京区烏丸西入
広橋殿町400
TEL ／ 075-441-3113
営業時間／10：00～18：00（17：30 L.O.）
定休日／不定休
【本文p.187】

本田味噌本店
京都市上京区室町通一条558
TEL ／075-441-1131
営業時間／10：00～18：00
定休日／日曜
【本文p.185】

金つばの幸福堂
京都市中京区四条坊城南入ル
TEL ／ 075-841-1940
営業時間／ 8：00～18：00
定休日／水曜（1日、祭日除く）
【本文p.205】

京都 清宗根付館
京都市中京区壬生賀陽御所町46-1
TEL ／ 075-802-7000
開館時間／ 10：00～17：00（最終入館16：30まで）
休館日／月曜（祝日の場合は翌火曜）、臨時休館あり
【本文p.211】

おもちゃ映画ミュージアム
京都市中京区壬生馬場町29-1
TEL ／ 075-803-0033
開館時間10：30～17：00
休館日／祝日含め月曜、火曜
【本文p.113】

第四章

みなとや幽霊子育飴本舗
京都市東山区松原通大和大路東入
2丁目轆轤町80-1
TEL ／ 075-561-0321
営業時間／ 10：00 ～ 16：00
定休日／ 12月31日
【本文p.133】

仏亜心料理 貴匠桜
京都市東山区松原通大和大路
轆轤町100
TEL ／ 075-561-3939
営業時間／11：30～14：30(13：30 L.O.)、17：30～21：30(20：30L.O.)
定休日／水曜、第3火曜
【本文p.137】

司菜 緒方
京都市下京区四条通新町西入ル
一筋目路地南新釜座町726
TEL ／ 075-344-8000
営業時間／ 17：00 ～ 21：00（L.O）
定休日／月曜不定休
【本文p.152】

竹笹堂
京都市下京区綾小路通西洞院
東入ル新釜座町737
TEL ／ 075-353-8585
営業時間／ 11：00 ～ 18：00（季節によって変動あり）
定休日／日曜・祝日（臨時営業あり）
【本文p.157】

聖護院八ッ橋総本店
京都市左京区聖護院山王町6
TEL ／ 075-752-1234
営業時間／ 8：00 ～ 18：00
定休日／元日のみ
【本文p.164】

第五章

がんこ 高瀬川二条苑
京都市中京区木屋町通二条下ル
東生洲町484-6
TEL ／ 075-223-3456
営業時間／11：00 ～21：30
定休日／無休
【本文p.174】

創作中華 一之船入
京都市中京区河原町二条下ル
一之船入町537-50
TEL ／ 075-256-1271
営業時間／11：30～14：00(13：30 L.O.)、17：30～22：00(21：00L.O.)
定休日／日曜（月曜が祝日の場合は日曜営業、火曜休）
【本文p.175】

角屋もてなしの文化美術館
京都市下京区西新屋敷揚屋町32
TEL ／ 075-351-0024
営業時間／ 10：00 ～ 16：00
休館日／月曜（祝日の場合翌日）、7月19日～ 9月14日、12月16日～ 3月14日
【本文p.89】

第三章

永楽屋 細辻伊兵衛商店 本店
京都市中京区室町通三条上ル
役行者町368
TEL ／ 075-256-7881
営業時間／ 11：00 ～ 19：00
定休日／無
【本文p.98】

RAAK 本店
京都市中京区室町通姉小路下ル
役行者町358
TEL ／ 075-222-8870
営業時間／ 11：00 ～ 19：00
定休日／無
【本文p.98】

風呂敷専門店・唐草屋
京都市中京区室町六角下ル
鯉山町510　宮井京都ビル1階
TEL ／ 075-221-0390
営業時間／ 11：00 ～ 18：00
定休日／火曜（祝日の場合は営業）・年末年始
【本文p.101】

永楽屋 室町店
京都市中京区室町通蛸薬師
上ル西側
TEL ／ 075-255-6601
営業時間／ 9：00 ～ 18：00
定休日／日曜・祝祭日・第3土曜
【本文p.101】

餃子の王将 四条大宮店
京都市中京区四条通大宮西入
錦大宮町116-2
TEL ／ 075-801-7723
営業時間／ 11:00 ～深夜1:00（L.O. 24:55、時間は変更する場合あり）
定休日／年末年始臨時休業あり
【本文p.110】

鉄板28号
京都市中京区壬生坊城町4
TEL ／ 075-822-1688
営業時間／平日 16:00 ～ 25:00（ワインタイム18：00 ～ 25：00）、土曜 12：00 ～ 25：00（ワインタイム18：00 ～ 25：00）、日・祝 12：00 ～ 22：00（ワインタイム18：00 ～ 22：00）
定休日／第1・2・3日曜（連休の場合あり）、臨時休業あり
【本文p.111】

第二章

祇園 波木井
京都市東山区祇園町南側570-182
TEL ／ 075-551-0563
営業時間／ 20：00 ～ 24：00
定休日／日曜・祝日
※クレジットカード使用不可
【本文p.58】

祇園丸山
京都市東山区祇園町南側570-171
TEL ／ 075-525-0009
営業時間／ 11:00 ～ 13:30（L.O.)、17：00 ～ 19：30（L.O.）
定休日／水曜
【本文p.58】

ぎをん 今
京都市東山区祇園町南側570-6
TEL ／ 075-561-0149
営業時間／ 17：30 ～ 22：00
定休日／月曜
【本文p.58】

祇園きなな本店
京都市東山区祇園町南側570-119
TEL ／ 075-525-8300
営業時間／ 11：00 ～ 19：00
定休日／不定休
【本文p.62】

フク和ウチ
京都市東山区新門前通り大和大路東入切通し上ル西之町211-2
TEL ／ 075-757-7828
営業時間／ 11：00 ～ 19：00
定休日／木曜、臨時休業あり
【本文p.71】

伝統工芸 祇園宮川町 㐂多良
京都市東山区宮川筋3丁目286
TEL ／ 075-561-8077
営業時間／ 11：00 ～ 18：00
定休日／不定休
【本文p.74】

裏具
京都市東山区宮川筋4丁目297
TEL ／ 075-551-1357
営業時間／ 12：00 ～ 18：00
定休日／月曜（祝日の場合翌日）
【本文p.76】

宮川町 さか
京都市東山区宮川筋4丁目319-1-5
TEL ／ 075-531-1230
営業時間／12:00～ランチのみ要予約、4名様より（おまかせ¥10,000 ～)、18:00～0:00（L.O.）
定休日／日曜(日･月連休時は月曜)
【本文p.77】

本書で紹介した掲載スポット・店舗リスト

＊掲載情報はすべて、2015年10月現在の情報です。営業時間、定休日などは変更する可能性もありますので、お出かけの際は、最新の情報をご確認ください。
各データのページ数は本文掲載ページに対応しています。

第一章

ひらがな館
京都市左京区田中西樋ノ口町44
TEL ／ 075-701-4164
営業時間／(平日·土)11:30〜14:30、18：00 〜 23：00（日・祝)11：30 〜 15：30、17：00 〜 22：00
定休日／火曜
【本文p.17】

天天有
京都市左京区一乗寺西杉ノ宮町49
TEL ／ 075-711-3255
営業時間／（平日・土）19：00 〜翌2：30 、(日・祝)18：00 〜 1：30
定休日／水曜
【本文p.29】

天下一品　本店
京都市左京区一乗寺築田町94
メゾン白川1F
TEL ／ 075-722-0955
営業時間／ 11：00 〜翌3：00
定休日／毎週木曜
【本文p.29】

恵文社一乗寺店
京都市左京区一乗寺払殿町10
TEL ／ 075-711-5919
営業時間／ 10：00 〜 21：00
定休日／年中無休（元日を除く）
【本文p.32】

柳月堂
京都市左京区田中下柳町5-1
柳月堂ビル2F
TEL ／ 075-781-5162
営業時間／ 10：00 〜 21：00
定休日／無休
【本文p.46】

出町 ふたば
京都市上京区河原町通今出川上ル青龍町236
TEL ／ 075-231-1658
営業時間／ 8：30 〜 17：30
定休日／火曜・第4水曜（祝日の場合は翌日）
【本文p.49】

◆参考資料一覧

『京都府の歴史散歩』京都府歴史遺産研究会（山川出版社）
『京都歩きの愉しみ』川端洋之（淡交社）
『京都を古地図で歩く本』ロム・インターナショナル編（河出書房新社）
『京都のナゾ？ 意外な真実！』八幡和郎＆ＣＤＩ（日本実業出版社）
『これであなたも京都通《つう》どすぇ』清水さとし（実業之日本社）
『京都「地理・地名・地図」の謎』森谷尅久（実業之日本社）
『魅惑の京都 ふしぎ発見』蒲田春樹（ＰＨＰ研究所）
『京都人が書いた「京都」の本』京都ゆうゆう倶楽部（ＰＨＰ研究所）
『京都大事典』（淡交社） ほか

京都しあわせ倶楽部

〈著者紹介〉
辰巳琢郎（たつみ　たくろう）
1958年生まれ。大阪教育大学附属高校天王寺校舎2年生の時、つかこうへいの舞台に感銘を受け芝居を始める。京都大学文学部在学中は、関西では人気・実力ともにNo.1の『劇団そとばこまち』を主宰し、プロデューサー、演出家として1980年代前半の学生演劇ブームの立役者となる。卒業と同時にNHK朝の連続テレビ小説『ロマンス』で全国デビュー。以来、知性・品格・遊び心と三拍子揃った俳優として活躍している。著書に『道草のすすめ』（角川書店）、『ゼロから始めるワイン入門』（KADOKAWA／メディアファクトリー）など。

ほんとうは教えたくない　京都の路地裏

2015年11月24日　第1版第1刷発行

著　者　辰巳琢郎
発行者　安藤　卓
発行所　株式会社ＰＨＰ研究所
京都本部　〒601-8411　京都市南区西九条北ノ内町11
文芸教養出版部　☎075-681-5514（編集）
東京本部　〒135-8137　江東区豊洲5-6-52
普及一部　☎03-3520-9630（販売）
PHP INTERFACE　http://www.php.co.jp/

制作協力
組　版　株式会社ワード
印刷所
製本所　図書印刷株式会社

ISBN978-4-569-82851-0

『京都しあわせ倶楽部』刊行にあたって

都が置かれる、はるか以前から、京の町には多くの人々が住み着き、平安京の時代は言うに及ばず、時代が下っても、天下人をはじめとして、多くの戦国武将たちが京都を目指した。

そして今。かつてないほど、多くの観光客が訪れ、更には京都に移り住む人たちも増える一方だ。

古今にわたって、内外から、人はなぜ京都に集まるのか。

世界遺産を筆頭に、広く知られた寺社があり、三大祭に代表される歳時があり、かてて加えて美味しいものがたくさんあるから。

だが決してそれだけで、人が京を目指すのではない。目には見えず、耳にも聞こえないが、京都には〈しあわせ〉という空気が満ち溢れている。それを肌で感じ取っているからこそ、多くの人々が京都に集い、そして誰もが笑顔を浮かべる。

しあわせの街京都へようこそ。

二〇一五年九月

『京都しあわせ倶楽部』編集主幹　柏井　壽（作家）

PHP 京都しあわせ倶楽部

ライカと歩く京都

小山薫堂／アレックス・ムートン　著

「歩いてこそ京都」という著者二人がライカのカメラを持ち街歩き。独特のアングルで切り撮った京都の街の人情と風情を語る写真紀行。

定価　本体九五〇円（税別）

PHP 京都しあわせ倶楽部

ぶらり京都しあわせ歩き

至福の境地を味わえる路地や名所、五十の愉しみ

柏井壽 著

路地をぶらりと歩き、自然を愛で、寺社を参詣し、美味しいものを食べる。そんな京都で至福の時を味わう愉しみ方を生粋の京都人が紹介。

定価 本体八五〇円（税別）